小松和彦

神なき時代の民俗学

せりか書房

神なき時代の民俗学　目次

Ⅰ　神なき時代の民俗学

神なき時代の祝祭空間　7
「民俗」はどこにあるのか　38
新しい「民俗」を求めて　72
「たましい」という名の記憶装置　110
祭祀のメカニズム――「呪い祟り」から「祝い祀り」へ　129
誰が「たましい」を管理できるのか――人を神に祀る習俗再考　151

Ⅱ　民俗学の視角

「民俗調査」という旅　183
説話と宗教儀礼　203
魔除け論序説——屋根の上の魔除けを中心に　227
桜と民俗学　241
あとがき　250

Ⅰ　神なき時代の民俗学

神なき時代の祝祭空間

ハレとケのある常民文化

現代の世相を「毎日がハレだ」と表現することがある。たとえば、早くは柳田國男が、近年では米山俊直や波平恵美子などが、都市化現象による生活文化の変容を「ハレ化」（祝祭化）として把握してきた。ハレという概念は、民俗学がかつて国民の大多数を占めていた農民などの「常民」の文化を理解するためのキーワードの一つにしてきたもので、日常の生活（ケの生活）に対して、特別な日の特別な着物や食べ物、作法や行為、気分あるいは意識などを意味する。

経済的、道徳的等々の理由から、ハレとケの生活が明確に区別されていたのが常民の社会であった。正月や祭りなどの一年の節目ごとにおこなわれる儀礼や、成人式や結婚式などの人生の節目におこなわれる儀礼、神社仏閣への参詣、芝居などの娯楽施設に出かけることが、ハレであった。この日には、ふだんは着ることのない着物を着て、餅などの特別な食物を食べ、特別な気分になった。逆にいうと、華美な服装はハレの日に限る、餅を搗《つ》いて食べるのはハレの日に限る、公然と集団で夜が更けるまで飲み喰い遊び乱痴気騒ぎをすることができるのはハレの日に限る、といった決まりや観念が浸透していたわけである。日常の生活においてハレの食事を食べたり衣服を着て出歩くと、世間の非難を浴びさえしたのだ。日常の日々は、ハレの日が来るのを指折り数えながら、その日のために備えての倹約を旨とする質素な生活のくりかえしであった。

　戦後の日本人の大多数は、高度成長期を迎えるまでそうした生活を余儀なくされていた。普段着は継ぎはぎがあっても当たり前であり、日々の食事も徹底的に支出を抑えた粗末な家庭料理であった。その頃は、芝居や音楽会、大衆的な娯楽といわれた映画でさえも、家計と相談のうえで出かけるハレに属することであった。

　ところが、高度成長期以降、このような生活は急激に変化する。国民の所得・生活水準が向上し、かつてはハレのときにしか着たり食べたりすることができなかったものが、いつでも店で購入でき、日常生活で用いることができるようになった。ハレの衣食が、いやそれ以上のものが日常の生活にあふれ、その結果、当然のことながら節約の思想に支えられていたそれまでのケの衣食等が日常生活から消えてしまうことになったわけである。いま、継ぎはぎだらけのボロ着を着て職場や学校に行く人がどれだけいるだろうか。日常生活における節約から消費への転換――こうした現象を日常生活の「ハレ化」と表現するわけである。

　たしかに、「豊かな時代」と呼ばれる現代は、それ以前の「貧しい時代」に比較したとき「毎日がハレだ」と評することはできるだろう。しかし、「豊かな時代」にも日常生活はあり、その折り目折り目を作り出す「ハレ化状況のなかでのさらなるハレの日」があり、松平誠の言葉を借りればば「ハレハレの状況」の必要に応じた取捨選択――そう、現代ではハレは自由に選択ができるのだ！――がなされていることも無視できない。ここで考えてみたいのは、こうしたハレハレ状況の現代におけるハレとケの実態である。

ところで、ハレとケの生活がはっきりしていたのは農村であった。柳田國男は都市化の浸透する以前の村のようすを、次のように述べている。「以前は町とはちがって常《つね》の日は故郷は睡《ねむ》っていた。田植えや収穫の日の大いなる緊張、盆と正月の祭の支度、めったに起こらない吉凶の行事、そういう算えるほどしかない大事件を除いては、その後はただ快い疲労と、静かな回想とがかえって人の心を沈ませていた。勇気や冒険や計算の要らぬような平和の日だけが続いていたのである」（『明治大正史世相篇』講談社学術文庫、一九九三年）。こうした「平和な日々」の反復としての人びとの日常生活に節目を与えていたのが、ハレの日、すなわち祭りをはじめとする年中行事であり結婚式などの人生儀礼であった。しかも、これらのハレの行事は、イエもしくはムラつまり血縁や地縁を単位にして催され、主催者と招待客との明確な区別などなかった。つまり、ハレを演出する者とハレを享受する者はおおむね重複しており、多くの場合、日頃から親しい関係にある者たちだった。

人びとは来るべきハレの日に備えて日々の生活を切り詰め、ハレの日は思いっきり贅沢に過ごそうとした。ハレの日に浪費されたのは衣食のような物質的なものばかりではなかった。節約生活で蓄積されていたエネルギーもこの日に一挙に吐き出され、人びとはふだんは体験することのない緊張感・解放感に浸った。ハレの日はまた、その主催者と参加者たちが一堂に会して共飲共食し、贈り物を交換し、それを通じて共同体成員であることを確認する場でもあった。ハレの日はイエやシンルイ、ムラといった集団の輪郭、つまりその内と外の区別を鮮明なものにした。いわばハレの日は「結衆」の場でもあった。

祭りの変容

ハレの日の典型は「祭り」である。日本の祭りの基本構造は、神を迎え、神をもてなし、神を送る、ということにある。迎えられた神は、信者（氏子）たちの五穀豊穣・無病息災を喜んだり約束したりするのだ、と信じられてきた。すなわち、祭りは祀り手たちが自分たちのためにおこなう、生きるための切実な行事であったのだ。農村地域では農作業の進行に合わせて豊作祈願の春祭りと収穫の感謝のための秋祭りが盛んであり、都市部では疫病が流行する季節に疫病除けを目的としておこなう夏祭りが盛んであった。

祭りの日は、日々の節約の結果貯め込んだ金銭を思いっきり消費することが許されていた。このため、その金銭を吐き出させるための芝居小屋や見世物小屋など、臨時の芸能・娯楽施設や露店が開かれ、市が立ち、さらには賭博もおこなわれた。ハレとは、そのような非日常的時空であった。礼服やハッピ、晴れ着を着てそこに参加し、また家では餅などの祝祭のための特別料理を食べる。こうした興奮・感動が、ハレを際立たせてきたのである。

しかし、庶民によって維持されてきたこうした祭りの多くは、日本の近代化以降徐々に変容し、とりわけ高度成長期以降、急速に変容もしくは消滅への道をたどることになった。原因はいろいろ挙げられるだろう。だが、その一番の原因は、近代に入るまでは限られた地域でしかなかった都市が、近代国家を建設するための労働者を地方から吸収しはじめたことにある。東京や大阪へと地方から大量の人びとが流出し、地方のムラの過疎化が加速していった。その結果、過疎地域では、祭りの中心的担い手やその後継者が消えてしまうことになった。祭りを維持したくとも、地域に住む住民の高齢化のために、やむなく祭りを簡略化したり、休止したりせざるをえなくなってしまったところは数しれない。現代の大都会の発展は、地方の多大な犠牲のうえに成り立ってきたのである。

たとえば、かつて数年にわたって長野県下伊那《しもいな》郡上村に伝わる「霜月《しもつき》祭り」を見学・調査したことがある。戦後まもなくこの祭りを撮影した記録映画を見てみると、老若男女・子どもたちで祭殿はびっしりと埋め尽くされている。だが、それから三十年後の私たちの調査時には、氏子も観光客もまばらななかでひっそりとおこなわれる祭りに変容しており、集落のなかには過疎化のために祭りを廃止してしまったところもあった。

都市の大衆消費社会の波がそうした地域にまで及んだことも、祭りの存続に大きな影響を与えた。テレビや新聞などのマス・メディアの浸透による都市的な情報・価値観の共有、テレビや自動車などの家庭用品を求めての賃金労働者への転職、農機具の機械化とその家財化などによって、生業を基礎とした共同体意識の強化・確認の場としての、あるいは娯楽の場としての祭りの機能が低下していった。

日常の生活において節約された金銭は、日常の生活のハレ化を促進させるために消費され、消費の場としての祭りの機能も相対的に低下していった。さらに科学技術による農作業の簡便化や生産力の向上も、神への信仰心を低下させることにおおいに貢献したと思われる。つまり、祭りを支えていた諸要素・諸機能が分離・解体していったわけである。日常生活の都市化＝ハレ化の浸透は、祭りの世俗化＝ケ化を促進し、ハレとケの対立が溶解していったのである。過疎地域の祭りはもとより、都市のなかに組み込まれたムラ祭り、さらには伝統的な都市祭りでさえも、その影響を蒙らずにはいられなかった。

このような事態は、共同体の祭りだけではなく、家や個人を単位にしておこなわれる正月行事や盆行事をはじめとする旧来の年中行事や人生儀礼にも及び、大衆消費型の資本主義経済・情報社会に組み込まれ、それに見合うように組み換えられていった。ようするに、年中行事も人生儀礼も、商品の販売の機会として把握され直されたわけである。

たとえば、結婚式を考えてみよう。かつては結婚式は婚姻関係を結ぶ家族・親族たちによって執りおこなわれ、そこで取り交わされる贈与と返礼は、婚家の関係を構築するためのものであり、祝宴に供されるものもこれを祝福する人たちによって用意された。しかし、現代では結婚式を構成するもののほとんどが、情報を通じて得た商品として購入されたものになっている。会場、結婚式、披露宴、衣装、引き出物、新婚旅行。これらは新郎新婦とその家族がお金を払って買い、招待客もその結婚式の価格を推し測って祝儀袋の中身を決めるのである。

ここで展開しているのは、経済の維持・発展であって、かつてあったような参列者たちの間の人間関係の構築・確認ではない。貨幣経済・消費社会では、ハレの場は消費の場であって、従来の人と人との交流の場としての機能は減少してしまっているのである。いったい、誰が誰を何のために祝福しているのだろうか。そんな思いにかられたことのある人は、きっと多いに違いない。色川大吉は、近代以降の日本人の婚姻儀礼の変遷をたどった論文で「顧みると、一九六〇～八〇年代は日本人の通過儀礼がことごとく資本主義の商品となり（いわゆる利潤追求のビジネスとなり）、イメージ産業に呑み込まれた時代である。したがって在来の民俗は急速に市場原理の支配を受けて消滅させられたり変容を迫られた」とまとめている（『昭和史世相篇』小学館、一九九〇年）。

だが、それと同時に、新たな年中行事が市場の開発の論理にそって生み出されてきていることも忘れるわけにはいかないだろう。クリスマスやバレンタインデーなどはその最たるものである。キリスト教と縁もゆかりもない企業がキリスト教徒でもない消費者に、キリスト教にまつわる伝説から抽出された「特別な情報」が付加された商品を「特別な日」に販売する。これが成功して定着し、年中行事となる。こうした近年になって作り出された、しかもメディアや企業が仕掛けた行事を一笑に付すことはできない。これを笑うならば、節句などの日本の伝統的な年中行事の多くが、私たちの先祖が中国から輸入したことをも笑わなければならない。

私たちが考えてみなければならないのは、情報社会が提供するスタイル（形式）を利用しながら、人びとが自分たちなりの意味づけをおこなっているその意味なのである。たとえば、バレンタインデーの真心のこもったチョコレートは、やがて結婚へと至る二人の愛の出発点になるかもしれないのだ。したがって、現代では自分たちによる自分たちのためのハレは、あふれる商品を利用しながら、恋人間や家族間、職場や各種の趣味・娯楽の同好会メンバー間といった集団を単位に営まれているといえるかもしれない。たとえば、現代の世相を代表するカラオケ文化も、聴衆がいるかいないかわからないような状況で個人個人が自分の歌に陶酔しているということを考えると、この枠組みの一方の極に位置するハレ、つまり個人が一人でハレを演出・享受している文化ともいえるかもしれない。

常設ハレ空間としての盛り場

現代文化が都市文化であり、消費文化であり、情報文化であることは、多くの人がくりかえし指摘してきたことである。こうした文化が高度成長期以降、東京や大阪などの大都会のみでなく、全国を覆い尽くした。その結果もたらされたのが「毎日がハレ」という現象であった。

この言説は、国民のすべてが常時ハレの状態にあるということではない。たしかに日常生活もかつての状態に比べて飛躍的にレベルアップし、その意味ではハレ化した。しかし、それを人びとがいつもハレと意識しているわけではないし、ハレの日に体感する精神的緊張や解放感を毎日体験しているわけでもない。ハレ化は、それが実現したときの束の間の出来事であって、それが日常化してしまえばもはやハレではないのである。したがって、現代人は現代人なりに、その生活のなかにハレとケの差異を見出しているのである。では、現代人の日常の生活とはなんであろうか。ひと言でいえば、それは職場と家庭の間を行き来する日々であり、ストレス（これを民俗学ではケガレと称してきた）のたまる灰色の生活の反復である。

しかし、都市文化は、日常空間としての家あるいは職場を出れば、すぐ近くに、祭りのときにしか接することのなかった多種多様なハレの空間が常設されている点において、旧来の常民の世界と決定的に異なっている。松平誠は『現代ニッポン祭り考』（小学館、一九九四年）において、次のようにいう。「じつは現代でいちばん困るのは、ハレの場がなくなったことではなくて、ハレの場が多すぎることなのである。これはパラドックスでもなんでもない。現代はたしかにハレハレ社会なのである。振り返ってわれわれの身の周りを見てみよう。よく注意すれば、日常という決まりきった毎日を振り捨て、エネルギーを爆発させようと思えば、日常の灰色生活とは違う世界が広がっていることを知りうるではないか」。

こうしたありあまるエネルギーを発散させ、陰鬱なストレスを解消する場所の代表は、「盛り場」であり「繁華街」であろう。ここには、風俗・性産業をはじめとして高級・低級取り混ぜた飲食店やブティック、映画館、劇場、演芸場、遊技施設、デパートの類が密集し、都市部やその近郊住宅地に住み都心の企業や学校に通勤通学する人たちをいつも誘い招いている。

盛り場は都市の原点に位置するもので、その原型を探っていくと、市の立つ場所、参拝客が集まる神社仏閣の門前、交通の要所となる宿場や港などの、人が群がる場所に行き当たる。しかも、東京の浅草や新宿、大阪のミナミやキタがそうだったように、これらが重複するようにして盛り場は発展してきた。

このような場は「もの」の生産の場ではなく、さまざまな「もの」が交換・売買され、喜怒哀楽の感情や抑圧されていた欲望を解放することができる消費の空間である。そうした広い意味での「消費」の欲望を抱え込んだ群衆を当てにした施設が設けられ、その施設をめざして人びとが群がってくる。盛り場には、日常生活では体験することができないさまざまな欲望刺激・解放装置が用意されている。盛り場に足を踏み入れるということは、視覚のみならず聴覚、味覚、嗅覚、触覚のあらゆる感覚が刺激されるということであり、それがために強い興奮と深い解放感に達することも可能になるのである。

樺山紘一は都市の特徴を「博覧会」と「排泄場」に見出している（「都市的なるものをめぐって」『都市の文化』樺山紘一・奥田道大編、有斐閣、一九八四年）。その縮図ともいえる盛り場も、大別して二つの側面をもっている。吉見俊哉も論じているように、一つは欲望をかき立てる新奇なものの展示・実演の場、つまり「見世物」「博覧会」としての側面である（『都市のドラマトゥルギー』

弘文堂、一九八七年）。ここに盛り場のハレの特徴がもっともよく現れているのだ。これに対して、もう一つの側面は、前者の側面によって刺激されて膨れあがった欲望を解放させた結果としての「ケガレ」の側面である。欲望の解放の場とは、言葉を換えていえば、日常の生活のなかで生じたさまざまなケガレの廃棄場所だということでもある。色恋や怨みつらみが噴き出しているのも盛り場なのである。群衆の足がしばし遠ざかる、朝の盛り場の辻々に山積みされているゴミ。その背後には無数の人びとのケガレが渦巻いている。その殺伐たる風景は、祭りのあとの虚脱感に通じる光景である。そして、これは盛り場の拡大・拡散形としての現代都市それ自体の自画像でもあるといっていいだろう。

盛り場として想起される場所には、さきに述べたような享楽空間に近接しつつも、異なった空間を形成している商店街がある。この空間もハレの空間の側面を抱えもっている。祭礼形態の分析手法にしたがうと、享楽空間が祭りの後半部分を構成する「乱痴気騒ぎ」に相当すれば、商店街は祭礼の前半部分を構成する「神事」に相当する。これは商店街に「神」がいるという意味ではない。ここに見られるのは、「形式性」であり、「高級性」「上流階級性」である。このハレ的空間としての商店街をもっともよく表現しているのが、高級デパートであり、高級ホテルである。このような空間に出向くとき、人びとは精いっぱいのオシャレをしようとする。ハレ化した現代生活においても、もっともハレと思える「晴れ着」に身を包み、「高級・高価な商品」や「高級な料理」を、たとえウィンドウ越しであっても、堪能する。

つまり、この空間は、日常生活の背後に隠れているこの国の社会階層の存在を、そして「中流」とは違う上流の階層のライフスタイルや高級な異国文化が厳然と存在していることを、こうした「商品」を通じて指し示し、人びとの欲望（憧れ）を刺激するのである。井上俊は、「市」と「見世物」が大規模化したのが「博覧会」であり、これを「商品化」したのが「デパート」であったと述べているが、たしかに、人びとは自分たちの生活水準が向上していくのに応じて、これらの「高級・高価な商品」を購入し、それを目標にしてその日常生活のスタイルのハレ化をはかってきたのだといっていいだろう（「現代文化のとらえ方」『現代文化を学ぶ人のために』世界思想社、一九九三年）。

こうしたハレ‐ケの構造は、その原型を都の文化（ミヤビ・オオミカタカラノアリカタ）と田舎文化（ヒナビ・クニブリ）の差異として把握していた坪井洋文の考え方とおおむね重なるといえよう（坪井洋文『稲を選んだ日本人』未来社、一九八二年）。都の貴族のライフスタイルとそれを構成する品々は、聖性を帯び崇拝の対象になった。同様にして、海の向こうの文化のレベルの高い国からの「高級・高価」な品々も聖性を帯び崇拝の対象になる。その結果が「舶来信仰」である。それらがハレの象徴となったのだ。

もっとも、ここにはパラドックスがある。というのは、田舎の人あるいは庶民の大多数が都会の文化をわがものにしたら、ハレもケもなくなってしまうからである。現代の大量生産に支えられた大量消費社会とは、まさにそうしたパラドックスにはまりこんだ社会である。この社会では、それまでの一部の上流階層と大多数の下流階層という対立的構成を下流階層の中流階層化によって変容させることに成功した。しかし、そこに実現しているのは、「みせかけ」のライフスタイルである。木下直之の巧みな言葉を借りれば「ハリボテ」の文化なのである（『ハリボテの町』朝日新聞社、一九九五年）。なにしろ大量生産の廉価な商品が出回ることによって、かろうじて「中流」と幻想できる程度のライフスタイルによって、生活をハレ化することができたにすぎないからである。その程度にしか生活水準は向上しなかったのである。

たとえば、多くの家の本箱は一見したところ高価な木材から作られているかに見える。しかし、それはベニヤに木目の印刷がなされた紙をはったハリボテの本箱なのである。国民のほぼ九割が中流意識もっているという。しかし、おそらくそのほとんどの生活文化がこうした「みせかけ」「ハリボテ」の文化であろう。誰もが「本物」があることを知っている。しかしながら、とりあえずは「ハリボテ」で満足しているにすぎないのだ。所得が上昇したら、「本物」に近づこう、そう思っているのだ。近年の「本物」志向はこうした背景をもっている。別の言葉でいい直すと、「ハリボテ」の文化がいまではケの文化なのであり、「中流」意識を抱くようになってかなり時間が経った人びとにとってのハレの文化は、上流階層の文化としてまだはるか彼方に存在しているのである。

「祭り」としての博覧会

都市の盛り場は常設されたハレ空間である。しかし、常設であるがために、人びとの日常の生活のなかに組み入れられてケ化してしまいがちである。そこで、さらなるハレの演出が追求される。消費をうながし、経済を活性化するためである。近年、都市のみではなく、あらゆる地域で盛んにおこなわれるいわゆるイベントと総称されるものは、こうした経済の活性化をうながすための仕掛けとしての性格を強く帯びている。イベントを日本語に直せば「催し物」「興行」ということになろうか。『ぴあ』のような情報誌に記載されているほとんどすべてがイベントであって、その特徴はいうまでもなく、期間が限定されている点にある。イベントがハレ的な性格を強く帯びてくるのはこのためである。

イベントは祭りに似ているところがある。実際、「音楽祭」「大学祭」「体育祭」「芸術祭」といったように、音楽会やスポーツ大会、演芸会などの催し物に、「○○祭」という語が付される。しかし、こうした催しが「祭り」と名づけられているのは、多くの人が参集してくる場であり、日頃の練習・研鑽の成果をそうした人びとに披露するハレの場、緊張とその後の快感に酔いしれることのできる非日常の時空だからであって、もちろん、そこに「神」が迎えられるわけではない。

祭りとイベントとの大きな相違は、神の祭祀の有無にある。祭りは、神とその信者との関係を確認・強化し、合わせて信者集団の結束も強化する。したがって、祭りは祭りの信者・担い手のための行事であり、信者によっていっさいが担われる。そこで消費されるものは浪費であって、経済的効果を期待していない。すくなくともそう考えられている。

ところが、イベントはこれとは大きく異なる。イベントでは、主催者が意識するのは、「神」ではなく「客」である。主催者は客の反応を一番に気にする。イベントを楽しむのはこの客であって、主催者・出演者はこの客を満足させるために「芸」や「食」やその他のモノを差し出さねばならない。イベントは、かつては神に奉納するための特別な供物《くもつ》や芸能であったものが、やがて祭祀集団の枠を越えて参詣してくる人びとに金品をとって提供する芸能・見世物に変化したものなのである。したがって、「神饌《しんせん》」や「芸能」や「見世物」「遊園地」の系譜につながるものが、イベントだということになる。

盛り場からケガレの廃棄場的な要素を取り除き、最新のテクノロジーを駆使しつつ、「異国」(国際性)「未来」「遊び」などの側面を肥大化させることで創り出した大規模なイベントが、「博覧会」である。戦後の国家的規模のイベントの先陣をきったのが「東京オリンピック」であり「大阪万博」であった。そして「沖縄海洋博」「神戸ポートピア」「つくば科学博」と続くことになる。その後、この博覧会方式の地域イベントが自治体や商工会の主導で採用され、大阪の「花博」、札幌の「食の祭典」、名古屋の「デザイン博」、奈良の「シルクロード博」、といった具合に続々と催され、さらに「三陸博」等の小規模な地方博へと継承・拡散していくことになる。

興味深いのは、大阪万博の主催者たちが、この万博を「祭り」にたとえて演出したことである。見返りを求めない消費、新奇・逸脱、幻想性、世俗のことを忘れての乱痴気騒ぎ。大阪万博では、こういったことが主催者によって強調された。大阪万博が開催された一九七〇年は安保改定の年にあたっており、したがって大阪万博には大衆の関心を政治からそらしてしまう意図が隠されていた。しかし、思い返してみると、大阪万博は情報化時代の幕開けを告げる象徴的なイベントだった。吉見俊哉が「大阪万博で問われるべきは、それを中立的な『お祭り』であるかのように感受していった大衆の日常意識そのものであり、そのような日常意識の形成に深くかかわったマス・メディアの持続的で潜在的効果である」(『博覧会の政治学』中公新書、一九九二年)と的確に指摘しているように、ちょうどこの頃から、大衆はマス・メディアを通じて流される情報社会の網の目のなかにからめ取られ、情報によって自らの自画像をイメージし、情報の主要な送り手となる大企業の思い描く「豊かな未来」へ着実に歩むことになるからである。大阪万博とは、それに向かって貢献するのだという大企業の「巨大な広告展示場」であった。つまり、大衆もまた絵に描いた餅のような「豊かな未来」の住人となることを夢見たのである。実際、多くの人が、バブルがはじけるまで、その夢を見続けていた。そしてはっきりいうと、その大衆の夢がこの国の経済を動かし、実態は「みせかけ」「ハリボテ」であるにせよ、物質的には「豊かな社会」を実現させたというわけである。

ハレとケの溶解——新常民文化の登場

大量生産・大量販売によって多くの人を商品経済に巻き込んでいった資本主義は、これらの商品が人びとにおおむね行き渡ると、購買意欲をそそるためにキャラクター商品のような付加価値をつけた商品を販売しはじめた。そのための情報が売買され、これまでは打ち捨てられていたものも商品として見直され、付加価値として利用するために商品経済のなかに組み込まれていくことになる。工業社会から情報社会へ、つまり「モノから情報へ」「モノからサービスへ」の転換である。大切なのは、人が動き、それにともなって金銭が消費され、経済が活性化することなのである。

こうした情報社会・消費社会への移行は、都市空間においては盛り場的領域の拡張、つまり「ハレのケ化」と、倹約型から消費型への日常生活の変換、つまり「ケのハレ化」を促進した。すなわち、その結果として、皮肉にも表面的にはきわめて似通ったライフスタイルが、国民の大半に共有され、均質化した文化が日本列島を覆うことになった。たとえば、全国にほぼまんべんなく存在するようになったコンビニ。その品揃えの画一化から浮かび上がってくるのは、微細な記号の差異はあるものの、その機能・中身はもはや均質・固定化し反復するしかない現代の日常生活の風景である。

大量生産・大量消費・大量情報の社会の出現は、その一方、水俣病が象徴的に物語るように、環境破壊・自然破壊・伝統文化の破壊、従来の人間関係の破壊の促進でもあった。その実態が浮かび上がってくるにつれ、「豊かな未来」の夢がしょせん企業に都合のよいように描かれた夢でしかなかったことに気づかされることになる。そして急速に目標とすべき「豊かな未来」が人びとの前から消え去っていくことになった。これは、ある意味で「ハレとしての未来」の世界の消滅といっていいだろう。

均質化した社会、ハレとケが接近し混合してしまったかのような社会、しかも明るい豊かな未来を喪失してしまった社会。このような社会の人びとは、向かうべき未来への指針がなくなり、先行き不透明なこの現在をとりあえず生きざるをえないために、D・リースマンによりながら吉見俊哉が述べるように、「絶えず相互に微少な差異を競いあい、互いを互いの意味の遡及点とすることで、おのれの現在の位置を確認していく」ことにならざるをえない。吉見はこうした人びとは周囲のまなざしに気を配る「演技する」人間であるといい、鷲田清一は内面を喪失した外面だけの人間であるという。もっとも、阿部謹也が指摘するように、近代以前の大半の日本人＝常民が先祖の人生の繰り返しの人生、毎年同じことの繰り返しの生活を過ごし、「世間の目」を気にしながら行動していた、ということを想起すれば、高度成長によって生活水準こそ上昇して多くの人びとが「中流」にはなったものの、彼らの階層意識がレベルアップしただけで、けっきょくは社会全体から見れば、彼らはなお民俗学でいうところの「常民」なのだということになる。

閉塞した時代の「異界」探し

日本列島に大衆文化という均質な文化が行き渡り、その文化が向かうべき方向を失ったとき、人びとが見出したのが、「本物」の文化であり、「ふるさと」という文化であり、「テーマパーク」であり、「旅行」等々であった。現代の世相を彩っているのは、こうした文化である。この文化は重複・錯綜し表面的には異なっているが、高度成長期を支配していた「進歩によって到達する未来」を基本的モティヴェーションとする文化とは異なったものという点で共通している。

この文化では、ハリボテの生活に気づき、それを「本物」にしたいという人びとは、高価な「本物」の商品の購入に情熱を注ぐ。ハリボテの家具を本物の家具に漸次置き換えていくことに、他人との差異を見出そうとする。それはハレ化のさらなるハレ化であった。あるいは、かつて存在し高度成長によって失われた「ふるさと」——それは情報のなかで作り出された美しい「ふるさと」なのだが——に触れたい人は、都会で失われた生活を伝承しているという都市から遠く離れた地域を訪問し、その土地でとれた、無添加の素材を使った、手づくりの食事を食べ、その地域の「高級な」特産品をみやげに買う。それもまた、その人にとってはハレなのである。

あるいはまた、もはや日常の延長と化してしまった繁華街や享楽街の施設とは異なる、世俗を忘れさせてくれるような異空間を求めて、東京ディズニーランドや京都の東映太秦映画村、長崎オランダ村や三重スペイン村などのテーマパークに足を運び、しばし世俗では体験できないファンタジーや異文化の世界に身をまかせる。これもまた現代人にはハレなのである。信仰としての異界を見失ってしまった現代人にとって、テーマパークは、それがテクノロジーと情報によって構築された商品としての異界であっても、それが世俗とは異なる刺激と興奮を与えてくれる心地よい場所だからだ。

そして、これに満足しえない人びとが新々宗教などに向かうことになるかもしれないし、「本物」を求めて、歴史がある「田舎」に向かったり、海の向こうの「異国」に旅することになるかもしれない。国鉄の「ディスカバー・ジャパン」を契機に始まった国内観光旅行、円高によって容易になった海外への観光旅行も、こうしたコンテキストから読み解くことができるに違いない。

当然のことながら、現代資本主義は、「本物」志向、「ふるさと」志向、「情報付加価値」志向を的確に把握し、それを地域経済の活性化に利用しようとする。このような世相・風潮を敏感に感じとり、地域の歴史・文化資源を掘り起こし、「本物」志向に結びつけ、さらに「文化」「高級」のイメージをふんだんに盛り込んだイベントがいろいろと仕掛けられた。たとえば、その一つが、金沢を中心に石川県の多くの市町村を巻き込んで催されることになった「フードピア金沢」というイベントであった。

その仕掛け人たちの狙いははっきりしていた。京都に次ぐ古都として自画像を描き、それを観光の売り物にしてきた金沢を、文化的にも、観光地としてもさらにレベルアップさせること、地方都市としての持ち味を生かしつつその知的文化内容をさらに洗練させることであった。そこで彼らが考え出したのが、冬には減ってしまう観光客を金沢に呼び寄せるイベントの創出であった。それが、日本海の新鮮な魚料理などを食べながら、一流の文化人や芸能人、芸術家を囲んで最先端の話を気楽な雰囲気で聞こう、というプランであった。「食」と「風土」と「文化」の祭宴を作り出し、これをさまざまなマス・メディアを通じて流通させようとしたわけである。

経済的活性化を目的としたこうしたイベントは、地域の活性化を狙っていることから「地域おこし」と総称されることが多い。「地域活性化」の先鞭をつけたのは、よく知られるように、昭和五四年、当時の大分県知事平松守彦が提唱した「一村一品運動」であった。彼の提唱は、特産として狭い地域の枠内での流通に限られていた商品を、知恵を絞って、東京や大阪という大きな市場に送り出すことに、つまり商品の全国区化の戦略を編み出すことにあった。これは県下の太田村の生シイタケで大成功を収めた。しかし、生シイタケは太田村のみにしか採れない特異な商品であるわけではない。したがって、強力な競争相手が出現して、太田村の生シイタケの販売が激減するかもしれないのである。

実際、知恵を絞って考え出した「一品」が、売り出されて評判になると、たちまち全国で類似の商品が出回って競合することになり、ほんの束の間のヒット商品で終わってしまうことが多いのである。この反省から、他の地域に見られないような独自の「商品」を生み出すために、町並みや郷土が生んだ偉人、祭りや民謡、伝説、考古学的遺跡といった、いわば個性的「文化資本」を発掘し、それを中核にした複合的な観光目的の商品の開発が、近年では、熱心に試みられている。「フードピア金沢」などは、たくさんの文化資本が早くから発見・継承され活用されていた、とても恵まれた金沢という都市のぜいたくな地域活性化運動であるといえるだろう。

町づくり・村おこしと「ふるさと」という商品

すでに述べたように、都市化した社会の大衆の関心が「未来」あるいは「進歩」から離れるにつれて、彼らの「気晴らし、娯楽、楽しみ」の対象として、ファンタジー、異国、田舎、昔の生活、自然などといった「異世界」が見出されるようになった。こうした風潮のなかで都市の生活者の口から語り出された「ふるさと」という言葉の背景にあるのは、過去回帰・自然回帰・母胎回帰的なイメージを帯びた「異世界」憧憬である。

都市への人口集中の過程で、自分たちが生まれ育った、しかしいまでは住んでいない、父母や親戚や友人たちが住む地域が、郷愁を誘う好ましい世界として人びとに強く意識されるようになってきた。戦前からすでに『ふるさと』『村祭り』『赤とんぼ』といった唱歌や童謡、歌謡曲などが、故郷を遠く離れて都会に住む人たちの心情を謳い上げ、画一化された「ふるさと」のノスタルジックなイメージを作り出していた。しかしながら、高度成長はこうした「ふるさと」のイメージを担うべき村落の人びとの生活や自然の環境を大きく変えつつあった。まさにそのようなときに、「都市の人びと」は忘れられ失われゆく地方の風景や生活に郷愁を覚え、やがて自分たちの心の「ふるさと」探し・「ふるさと」づくりを開始することになったのである。

郷愁を覚える風景や生活をいまも残していると思われたのが、過疎化に苦しんできた、大都市から遠く離れた地域であった。近代的な産業の欠如と過疎化のために経済的な衰退に直面していた地域の多くが、ともかくこれに反応しようとした。都市住民のこのような「ふるさと」憧憬・「異世界」憧憬をキャッチし、地域の活性化に利用しようと考えたわけである。その結果、全国各地で売りに出されたのが「ふるさと」商品であった。「自然」「手づくり」「懐かしさ」「おふくろの味」「安らぎ」「失われた過去」「優しさ」「温泉」等々のキャッチフレーズを冠した「ふるさと」

商品が販売され、多くの人びとがこれに吸い寄せられるようになる。ようするに、「田舎」と呼ばれるような地域とその特産品が、都市住民にとってのハレになったのである。この現実を嘆く人は多い。たとえば、山折哲雄も、こうした消費の対象になってしまった「ふるさと」に激怒する一人だ。故郷はそこに生れ育った者に対して、限りなく優しい顔と、また絶望的なまでに残酷な顔をもっていた。先祖の霊が眠り、その子孫たちが住む、外部者に嘲罵《ちょうば》と排除の牙をむきだしにした共同体としての故郷が、いまでは、外部者にすりより、媚びを売っている、と(『仏教民俗学』講談社学術文庫、一九九三年)。しかし、「ふるさと」はますます柔和になり、お金をもった外部からの来訪者を歓迎するものへと姿を変えているのだ。ここでは論じないが、この「ふるさと」の心変わりの是非についてはじっくり検討してみる価値がありそうだ。

竹下内閣のときに、全国の市町村に一律に交付された一億円の「ふるさと創生事業」は、こうした社会状況を察知した国からの援助金であった。各自治体に使い方が一任された一億円はいったいどのように使われたのだろうか。「ふるさと創生一億円」というと、私が思い浮かべるのは、住民からアイデアを募るあいだ一億円の金塊を購入・展示して話題になった兵庫県津名《つな》町の例であるが、多くの自治体では、観光客を誘導しやすいということで、温泉の発掘にあてたという。しかし、地域おこしに民俗学の立場から参加してきた神崎宣武によれば、この一億円を地域の活性化の呼び水にしえたところはそれほど多くはなく、線香花火のように消えてしまったらしい。もっとも、一億円程度で多くの地域が活性化するならば、とうの昔に地域は自力で活性化していたであろう。大都市から遠く離れた地域が、劇場＝見世物小屋化した現代日本社会・資本主義システムのなかに、多くの人びとに売ることのできる商品を携えて入り込むことは、容易なことではないのだ。

新しい祭りの創造と伝統的祭りの変容

ところで、従来のイベントは、常設施設での興行であれ、各地の施設を利用しての巡業型の興行であれ、集客が見込めそうな都市の盛り場を中心に催されてきた。ところが、最近目立ってきた新しいタイプのイベントは、自治体や商工会、観光協会、あるいは住宅団地などによって企画されたイベントである。経済的活性化を前面に打ち出しているものから精神的絆の形成を謳っているものまで、そのスローガンは多様であるが、その根底に流れているのは、ようするに地域の活性化＝地域おこしである。いわゆる「町づくり」「村おこし」といった運動に関係したイベントがこれである。

私は「地域おこし」運動には、基本的には目的の異なる二つの種類があると理解している。一つは地域のまとまり（帰属意識）を創出したり再発見したりするための運動である。小さい単位では団地の自治会、大きな単位では市町村などが主導しておこなうイベントがこれにあたる。新旧取り混ぜた住民をまとめていくためのこうしたイベントは、神がそこに招かれることはなくとも、地域の住民の地域アイデンティティの醸成をはかるという点で「祭り」の本質に近い性格をもっている。実際、これらのイベントは祭りのイメージや枠組みを借用し、かつまた「祭り」やそれに類する言葉を用いることが多い。私の住む町の隣の兵庫県川西市《かわにし》では、毎年、春にはこの地が有名な清和源氏の発祥地であることにちなんだ「源氏祭り」が、秋には市花にちなんで「りんどう祭り」が開催される。神事こそおこなわれないが、ここでは「源氏」という武士団、「りんどう」という可憐な花が、住民の「意識」の依り代《よしろ》として選び出されたのである。

多くの地域で見られるこのような現代的な「祭り」では、「住民」という漠然とした「氏子」が想定されているだけで、「祭り」＝イベントの実際の主催者は行政や商工会であり、その呼びかけに応じた自治会その他の民間団体である。この「祭り」がとりあえず成功しているかどうかは主催者や行事参加者の判断と観客動員数によるしかない。しかし、本当の意味での成功は、この「祭り」を通じて、参加する、見物する、情報として知るといった表面的な違いを越えて、住民が地域への愛着や帰属意識を育んでくれたかどうかにかかっているのである。つまり主役は住民なのである。これが成功したとき、その「祭り」は住民の間で定着し、地域の象徴となり、さらには誇りとなっていくであろう。そうなると、これに積極的に参加することが、住民にとってハレがましいことになっていくわけである。松平誠が『現代ニッポン祭り考』で報告した「高円寺阿波踊り」などもその一例といえよう。

このような地域的アイデンティティの形成・持続のイベントは、理念的には住民に向かってなされるものであって、当該地域以外からの観光客の参集は考慮の外に置かれている。この祭りが見るに値するもの（見世物）との評判が立ち、観光客が多数参集し多額の消費をその地域ですることになったとしても、それはあくまで付随的なことにすぎない。すくなくとも理念的にはそういうことになっている。

ところが、もう一つの種類の「地域おこし」は、地域の経済的活性化を目的とした運動・イベントであり、したがって、それを通じての地域への金銭の流入が期待されることになる。ここでは主催者は裏方に徹しなければならない。ハレの気分になるのは「観客」つまりよそから集まってくる観光客でなければならない。主催者は観客に財布の紐をゆるめさせる見世物小屋の主人なのである。

たとえば、私がその当初から助っ人として参加してきた京都府大江町の「鬼」を使っての地域活性化の試みは、まさにこのタイプの地域おこしである。山陰線と福地山線が交叉する地方拠点都市としての福知山市と古くからの観光地天橋立《あまのはしだて》を抱える宮津市の中間に位置する大江町は、「鬼」で町おこしを始める十年ほど前までは、元伊勢《もといせ》といわれる豊受神社くらいしかめぼしい文化資本・観光資源といえるものがない、過疎化傾向に頭を悩ますありふれた町であった。この町が、現在では、行政主導の忍耐強い「町おこし」で多くの観光客を町に誘導することに成功し、世間の注目を集めている。しかもわずかであるが人口増にも成功したのだ。

関係者が発掘した「文化資源」は、町名にもなっている大江山が、中世以後広く人口に膾炙《かいしゃ》した、酒呑童子たち鬼の一党を都から派遣された源頼光たちが退治したという伝説の舞台になっていた、ということであった。この町に、大江山の酒呑童子伝説に関係した昔からの文化財が残っていたわけではなかった。そこで、関係者は知恵を絞って、観光客を誘導するための新たな「文化」を創造することにしたのである。その結果が、町内の要所に鬼の像や絵を配置し、鬼瓦の製作者である鬼師たちに鬼瓦の製作を依頼し、「酒呑童子祭り」を作り、「鬼の博物館」を建設し、鬼愛好者を全国から結集する目的で「世界鬼学会」を組織する、ということであった。そして鬼にかこつけた鬼酒・鬼菓子といった観光客用特産品も作り出された。資金の乏しい地元は、国や府の各種の補助金の交付を受けながら、これら一連の事業とイベントを主催し、それをマス・メディアを利用して宣伝し、いま、その効果がはっきりと現れてきているというわけである。

日本の各地で、おびただしい数に上るこうした地域おこし・地域づくりを目的としたイベントが試みられている。そして、伝統的な祭り、すなわち常民たちが自分たちの共同体を作り上げ維持するために営んできた祭りも、このような地域活性化というコンテキストのなかに組み込まれて、「古い歴史と文化を伝える、貴重な民俗文化財」「忘れられた日本の姿をいまに伝える伝統的祭り」「郷愁を誘うひなびたふるさとの祭り」等々のキャッチフレーズを冠されて、売りに出されることになった。

もっとも、こうした大きな動きを十分に理解していないために、トラブルもたくさん生じている。たとえば、祭りの進行の妨げになるような観客の行動、観客の宿泊や移動に合わせての祭りの日時の変更等々、お金を落とすという観光客に、祭りの形式や内容が左右されるようになるからである。伝承者たちが、観光客が訪れてくることによって、誰のための祭りなのかを、改めて問わなければならなくなるのである。祭壇に迎えている神が本当に富を与えてくれる神なのか、それともそれを見学する観光客が富を与えてくれる「神」なのかが、よくわからなくなってしまったわけである。

そのような問題をとっくの昔に克服して、大量の観光客を動員できる祭りに変貌しているところもあれば、いままさに共同体の祭りから観光のための祭りに脱皮しようと苦しんでいるところもあれば、交通の便や祭日の関係や過疎化による担い手不足などの理由で観光化しようにもできないところもある。そのいずれにせよ、旧来の祭りも、資本主義の商品になるかどうかという選択を迫られ、それに応じた対応・変容をせざるをえなくなっているのである。

こうした動きを私たちの言葉でいい直すと、それは地域の人びとのためのハレであった祭りが、都市の住民に提供されるハレ商品の目録のなかの一つに変容することを意味している。つまり、祭りの主催者による祭りでの富の消費はそれ以上の富を生み出す投資であり、本来の祭りに見られたような消費の担い手は外部から訪れる観光客に転化されてしまったのだ。都市の大きな祭りも地域の小さな祭りも、神事から芸能・見世物へと変貌することで生き延びようとしているのである。

地域をまとめあげ、経済の活性化をうながそうとする観点でいえば、大昔からの「祭り」であろうと、行政や住民が新たに作り出した「祭り」であろうと、違いがあるわけではない。問題は人びとがそれに馴染んでいるかどうかである。伝統とはそれに人びとが馴染んできたという証であり、新しい「祭り」が問われるとすれば、人びとに支持され愛されるようになる伝統を創り出せるか、創り出してきたかどうかである。その鍵を握っているのが「観客」であるところに、現代の特徴を見ることができる。

現代社会におけるハレとケ

「祭り」とは従来、「神のいるイベント」であった。したがって、現代の世相を「祭り」というキーワードだけで把握しようとすることは難しい。伝統的祭りは明らかに衰退に向かっているからである。現代において「神のいるイベント」を探し出そうとすれば、伝統的な祭りや新宗教、新々宗教の祭りを訪ねなければならない。しかし、視点を少しずらして、民俗学でいう「ハレとケ」をキーワードにして理解しようとすれば、従来の「祭り」という枠では処理しきれない多様な世相がくっきりと浮かび上がってくる。伝統的な祭り、各種イベント、盛り場、テーマパーク、家族儀礼、職場儀礼、観光旅行、等々。これらは、情報社会に生きる都市住民が、個人で、家族で、あるいは職場の同僚たちとともに、選択し購入する商品としてのハレ、消費するハレの性格が濃い。人はこれらを購入して、ケ、つまり日常の世界からほんの束の間であれ離脱し、別のリアリティの世界に遊び、そこで日頃蓄積してきたケガレを祓い浄めて、別の段階の社会生活に移行したり、ふたたびもとのケの生活に復帰する。

個人や家族などのそれぞれのレベルでは、ハレとケの生活は区別されている。しかし、彼らのハレとケの区別は、生活水準の向上により日常生活がハレ化したために、以前に比べて見えにくくなっている。さらにまた、社会全体から見ると、正月やクリスマスなどのような、現代日本社会の構成員のほとんどが意識するようなハレばかりでなく、大小さまざまな集団の事情に応じたかたちのハレが毎日どこかで無数に催されているために、ハレとケの区別がいっそう見えにくくなっている。しかも、こうした個人たちが求めるハレの催しに応えるための商業施設が常設されていることも、現代社会の表情をいっそうハレ的なものにしているわけである。

しかしながら、こうしたハレ的表情をした都市に住む人びとにも、厳しい日常生活があることを忘れるわけにはいかない。公害を生みだしたり、死に至らしめるほどの陰湿な「いじめ」や「過労」の日常生活、他人に合わせながら「自分」探しをしている都市住民の、コンビニに象徴されるような画一化した日常生活が存在しているのである。だからこそ、神なき時代であっても、ハレを、「祭り」を、人びとが求めているのである。しかし、現代人が手にすることのできるハレのほとんどは、聖性が希薄で不安定な、きわめて個人的性格の強い、しかも選択的なハレ（儀礼）である。

時代の潮流は、神のいる祭りから神なき時代の祭りへ、祭りからイベントへと、大きく変化している。たしかに私たちはそのような世界に生きているのだ。しかしながら、このような現実を前にして、私は考え込まざるをえない。はたして、この現代の商品化されたハレが、どこまでこうした人びとの心の奥底にあるケガレを祓い落とし、精神を昂揚させ満足させているのだろうか、と。

そして、私はさらに考えをめぐらす。日本人の神はどこに行ってしまったのか、と。

「民俗」はどこにあるのか

文化（社会）人類学を学ぶ

民俗学の危機が叫ばれている。民俗というものが見えなくなってきている。民俗学とは何を目的とする学問なのかがわからなくなってきている――現代の民俗学が直面している事態を単純化していえば、そういうことなのではなかろうか。そうした状況のなかで、民俗学者を名乗る現代の研究者は、それぞれどのような「民俗」概念を持ち、どのような「民俗学」像や「民俗学史」像を抱いているのだろうか。大学などの教壇に立ったとき、どんな講義をし、どんな教科書を使い、その履修解説（シラバス）にはどのように書かれているのだろうか。

以下では、民俗の消滅が指摘され、それに対応するかのように民俗学の黄昏がささやかれている現在において、人類学を専攻した私がどのようにして民俗学に関わることになったのかということを述べながら、私が民俗学をどう考えているかを語ってみたい。

私は少し前から、自分の専門分野を「文化人類学・民俗学」と表記している。昔話「鬼の子小綱」のなかに登場する、身体の半分が鬼でもう半分が人間であるという「片子」のように、私の学問的な身体は、半分は民俗学者で、半分は文化人類学者だと思っているからである。良く言えば学際的だということになるが、悪く言えば中途半端な学者であるということの告白ともいえるだろう。しかしながら、このダブル・スタンダードな視座を持ち得たがために、これまでの仕事をなしえたことができたのだと自負もしているのである。

私は大学では民俗学者としての専門的な訓練を受けたことがない。学部でも大学院でも文化（社会）人類学を専攻した。民俗学という学問の存在を知ったのも、文化人類学を媒介にしてであり、その知識は本を読んだり民俗学者との交流によって獲得したものである。

まず、文化人類学から得たことを語ることから始めよう。ここでは基本的なことを三つほど挙げてみたい。

第一に指摘したいのは、研究の対象である。社会人類学は「社会集団」を研究する学問である。いろいろな動物が生きるために社会を持っている（集団を形成している）。したがって、社会（集団）を持つということは人間だけの特権・特徴ではない。いわゆる霊長類学者も立派な「社会」学者なのである。しかし、人間の社会は他の動物とは違って、「文化」をもっている。しかも、この、文化をもっている人間の社会集団の編成の仕方はまったく同一ではなく、地域によって違いを見せている。人間の社会集団はまことに多様性に富んでいるのである。また、その社会集団がもっている文化内容も同じではない。

社会集団の編成の仕方における差異は、社会集団内部のいろいろな要因によって、あるいは外部との接触によって、さらにまた自然環境の影響などによって形成されたものであり、それらの複雑な影響に応じて、集団が持っている文化内容も変化する。もっとも、都市・文明社会の影響をあまり受けない「周辺」社会では、その変化はとても緩やかであり、文化内容も同質的であるという傾向を示す。また、その「変化・変容」という語には、社会形態や文化内容が「変形」するというだけではなく、これまで存在しなかった新しい文化要素が創造されたり、外部の社会から持ち込まれたりするという意味も含まれており、これまで存在していた文化要素が捨てられたり忘れられたりするという意味も含まれている。つまり、文化は社会集団にとって意味があるから保持されているのであり、意味が無くなれば廃棄される。また、社会集団が所有する文化は、それを保有・伝承する社会集団が消滅すれば、それに伴って文化も消滅あるいは遺物化する。考古学的資料のことを思い浮かべていただくと、そのことがよくわかるはずである。

人間は生まれてから死ぬまで、他人となんらかの社会関係を取り結び、そしてなんらかのかたちの社会集団を形成することで生活している。したがって、社会人類学では、どんな地域に調査にでかけようと、研究者自身の興味を満足させるものがそこにあるかどうかは定かでないが、そこで調査ができないということはない、と考える。もっとも、理論的には、どのような社会に調査に入ってもよいのであるが、実際には、一人でその「全体」を見渡せるような小さな、そして比較的孤立し、自律的な、また都市文化とは異質な「社会」とその「文化」の、長期滞在型の調査が好まれていた。

二番目に指摘したいのは、すでに述べたこととも関係するのだが、情報収集の手法である。人類学とは野外調査（フィールドワーク）をする学問だということを教え込まれた。調査地に数カ月にもわたって住み込み、現地の人びとに聞き取りをしたり彼らの行動を観察したりすることによって得られたデータから問題を発見しそれを解決しようという研究スタイルは、まことに新鮮であった。この調査方法は、民俗学の調査方法とは明らかに異なっていた。人類学的研究とは調査をしながら研究する学問であった。調査をすることが同時に研究することでもあった。こうした調査では、個人の問題関心にそって調査の方法や内容は異なってこざるをえない。したがって、共同調査よりも、どちらかといえば個人調査が重視された。

人類学者は、調査対象となっている集団にそれなりの適応を求められるわけであるが、その一方では、自分の属する社会、狭く考えれば学界のなかで、収集した情報がどのような意味を持つのか、つまりは成果を考慮しなければならない。しかも、調査する社会の側にとっては民俗学者は「異人」であって、現地の人たちにとっては最初の頃はうっとうしい存在であることはまちがいない。しかし、同時にそれを乗り越えて特定の人たちと親密な関係を構築するのは、人類学者の大きな楽しみの一つであった。

三番目は、自分が集めた情報・資料や他の人類学者、あるいはその他の研究分野が集めた資料の分析・考察方法である。私が人類学の勉強を始めた頃（いまから三十年ほど前）は、ちょうど欧米の人類学界では、構造主義が流行しており、ご多分にもれず、私もその洗礼を受け、その猿真似のような論文をいくつか書いてきた。最近では「〇〇の構造分析」などといった大上段に方法論をふりかざした論文を書くことはなくなったが、私が書くものの根底にあるのは、やはり構造分析的な視点だと言っていいだろう。

たとえば、最近、民俗的資料を主な素材にして貨幣について考察してみたいと考え、暇を見つけてはメモを取っている。その際の問題の発見と整理の仕方として、たとえば、「貨幣の呪術性、呪術の貨幣性」「貨幣交換と贈与交換」「社会関係における生産的交換と破壊的交換」といった項目を立てて、それに当てはまる現実の事象はどんなものがあるかをあれこれ考えるようにしている。このようなテーマ設定自体が、構造分析的だといえるはずである。すなわち、つねに対立項を想定し、それとの関係で、特定のテーマや対象を考察するクセがついてしまっているのである。そのような思考の仕方を刷り込まれてしまっているわけである。

とりわけ興味深かった点は、構造主義はモデルという概念を用いて、特定の社会には現実には存在しない、あるいは存在しえないような事象を想定することができるということである。たとえば、男性出自原理と女性出自原理、男権社会と女権社会といったモデルを想定し、この双方のモデルを組み合わせて社会のモデルをさらに想定する。そうしたモデルに相当する社会が現実に存在するかと考えたりすることができるわけである。この方法は、雑多な事象を整理するにはとても便利なのである。

たしかに、方法にも流行り廃りがある。いまは、若い世代には、ポスト構造主義の人類学がもてはやされている。かれらの多くは、何事にも、政治性、権力性、現代性といったことを見出すように刷り込まれているかにみえる。にもかかわらず、私は構造主義世代として、相変わらず、構造主義的視点で、自分の興味のあるテーマを追いかけている。それがやはり私の思考に合っているからである。

振り返ってみると、構造分析という方法は想像以上に普遍的な性格をもった方法であると思う。私は修士論文で、人類学者が扱ったことがない、十三世紀製作の絵巻「信貴山縁起絵巻」を取り上げ、その構造分析を試みた。それは「信貴山縁起の人類学的考察」と題された。これが当時の人類学教室では、なんのクレームをつけられることなくパスしただけでなく、審査教官たちから、幕末の江戸で流行した「鯰絵」を構造分析したオランダの人類学者コルネリウス・アウエハントの研究を紹介されたのである。これが後に中沢新一や飯島吉晴、古家信平と私とで翻訳した『鯰絵』（せりか書房）であった。さらに修士論文の延長として、中世末ごろに製作されたお伽草子の一つ「物くさ太郎」を取り上げ、「『ものくさ太郎』の構造論的考察」という論文を、学会誌の『民族学研究』に投稿し掲載された（『説話の宇宙』人文書院、所収）。これが可能であったのも、構造分析は人類学的分析方法であるという認識が、当時の査読者にあったからである。構造分析は、空間を越えて異なる社会の研究のみならず、時間を越えた過去の社会の文献による研究、すなわち歴史人類学、もしくはアナール派の歴史学の台頭を予感させるものをその内部にはらんでいたのであった。どこの地域の、どのような時代の、どのような対象であれ、構造分析すれば、それは人類学的論文たりえたわけである。

「物くさ太郎」の分析の結果、主人公の物くさ太郎は、あたらしの郷という共同体に飼われている生贄もしくは身代わりであった、という結論を引き出した。これはいわば人類学的な方法によって導き出された仮説であったが、後に歴史家によって、実際に中世ではムラやイエで乞食などがその成員の身代わり用に養われていたという事実が明らかにされたのであった。構造人類学的方法は、学問領域を横断して考察を可能にする優れた方法であった。もっとわかりやすい表現をすれば、それまでは国文学や美術史あるいは民俗学などの領域とされていたところに、構造人類学は侵入し、その領域を研究対象とすることができたのである。『鯰絵』の研究は、その最たる例であった。

また、私はかつて「異人殺しのフォークロア」(『異人論』筑摩書房、所収)という論文を書いた。それは信州・下伊那の遠山谷の調査をしていて遭遇した伝承に興味をもってその種の伝承の意味を分析したものであったが、このときも構造分析とは銘打ってはいないものの、構造分析の手法で論を組み立てた。つまり、「異人が殺されて金品を奪われる話」があるので、その反転した話「異人が歓待されてそのお礼を差し出す話」はないかと想定し、その構造変換の可能性を記述しながら論を展開したのである。さらに、それにからませるかたちで、宗教者の託宣による「〈歴史〉

の創造」という側面も引き出し、さらにはその背後に貨幣経済の浸透まで読みとった。ようするに、「口承の世界」の一種の動態、つまり「伝説」と「昔話」「歴史」のダイナミックな相互関係を浮かび上がらせることができたのである。このような解釈は、構造主義的な方法論がなければ、けっして達成できなかったものである。

「民俗」（常民文化）の発見

こうした構造論的研究を進めるうちに、やがて私は自分の関心と重なる領域やテーマを、すでに「民俗学」という学問が扱っているということに気づいた。つまり、民俗学の研究には、構造分析の対象としてふさわしい素材ががたくさん眠っているように思われたわけである。しかし、同じ村落社会の研究していたが、民俗学の世界に少し首をつっこんでみると、同じような対象を扱い、また同じような用語を用いながらも、二つの学問の間には大きな違い、すなわち目的や調査方法、概念操作・資料操作に、違いがあることに気づいた。

よく知られるように、日本民俗学は柳田國男によって創始され、良くも悪くも、その膨大な業績に多くを負って存続してきた。言い方をかえると、柳田國男の学問という枠をなかなか越えられない学問であった。しかも、その学問は簡単には理解し得ない面を抱えもっていた。学問的側面と思想家としての発言を区別しにくいのだ。その代表的な例が「民俗」という概念であった。

人類学は「人類」を、社会学は「社会」を、歴史学は「歴史」を研究対象にしている。これに従えば、民俗学の研究対象は「民俗」であるとなる。ところが、柳田民俗学の対象は「常民」であったのだ。色川大吉は、それをつぎのように説明する。

「常民とはなにか。庶民でも平民でも人民でもない、柳田らによる造語だが、かれらはそこに次のような内容を託そうとしていた。常民とは山人などとは違う里人であり、通常は農耕や漁労に従事し、里に定住して漂泊などしないもの。そして先祖から子孫にわたる「家」の永続をねがい、その生命の連鎖と自然との共生と愛慕の交換とを喜びとして生きてきた。目に一丁字なくとも事理を明らかに解し、判断力に富むが、文字をあやつって表現する能力はない。だが、民族の内部生活の歴史を胸に保管し、固有信仰を保持し、それらを人生行事や生活の知恵とともに説話伝承して次世代に伝える文化的役割を果たしてきた。常民とはそうした民衆の性質をさすのであり、そうした生活のしかたをつうじて歴史を基底から動かしてきたのである。……その常民を実態的なものとしてみるとき、かれらの場は地域共同体である」（『常民文化論』著作集・第三巻、筑摩書房）。

ここには「民俗」という言葉は一言も出てこない。にもかかわらず、柳田の学問のエッセンスと思われるものが語られているのである。

そこで、次々に疑問が浮かんできた。どうして民俗学は「常民学」と名乗らずに「民俗学」と名乗っているのだろうか。どうしてこの「常民」が伝承している文化を「常民文化」と呼ばないのだろうか。民俗学にとって「民俗」とは何なのだろうか、等々。

こんな疑問を抱いて、当時刊行されたばかりの『日本民俗事典』（弘文堂、一九七二年）を紐解いてみた。なんと、驚いたことに、その事典には「民俗」という項目はなかったのである。「民俗学」という項があったので、それを見てみると、「民間伝承を素材に、民俗社会・民俗文化の歴史的由来を明らかにすることにより、民族の基層文化の性格と本質とを究明する学問」と説明され、さらに、「近代以降、教育の普及に伴い、庶民のあいだにも文字を媒介する言行が著しくなった。したがって、一応民間伝承を前近代的伝承とみなす考えもある」とも説明している。つまり、「民俗」とは「民間伝承」と同じ意味らしいということ、さらにその「民間伝承」とは「前近代的伝承」という限定が加えられていること、また、日本民俗学の創始者の柳田國男は、民俗学という用語を掲げる前は、自分の研究を「民間伝承論」、それ以前は「郷土研究」と称していたことなどが明らかになった。

そこで、今度は「民間伝承」という用語の項を引いてみた。すると、「常民に文字を媒介することなしに日常的・集団的・類型的に三世代以上にわたって、くりかえし伝承してきた言葉や行為、また観念を指す。民俗学の対象とする民俗の意味とほとんど同じである」と説明されている。さらに、「常民」という語を引いてみると、「民間伝承保持者というべきもので……民間伝承が濃く保たれているのは、民衆と大衆・庶民・人民などであるところから、それらの言葉ともまぎらわしくなるが、階級や身分かを基準にするのではなく、文化的観点から、その創造的活動につとめる側面が比較的薄く、くりかえしの類型的文化感覚に執着している人たちをいう」とある。

こうした説明から、柳田民俗学の輪郭が浮かび上がってくる。柳田は日本の各地の地域共同体を構成する人びとの生活文化の全体的な実態を知ることには興味をさほどもたず、日本人の最大公約数として想定された「常民」の生活慣行や伝承を調べることで、日本人の共同感情を根源までさかのぼろうとする情熱にとらえられていたのだ。そして、それが後世までもっとも原型を保持しつつ受け継がれてきたと思われたのが、南島の社会であった。つまり、柳田は日本の基層文化の担い手として「常民」という（日本人の）理念型を設定し、その理念型を構成する諸要素に見合う資料を提供してくれる領域として、地域共同体つまり農村（とくに稲作農村）＝ムラを考えていたのであった。そしてもっともその理念型（完型）に近い、あるいは古形に近い「常民文化」を担って生きている人びとの社会として、「南島の社会」を発見したのである。これにくらべれば、「内地」の共同体の人びと（の文化）は、「崩れた、新しい常民（の文化）」であったということになるわけである。

比較的に言って「農民社会」（村落社会）が伝承する「文化」の総体のうち、三世代以上の長きにわたっている伝承が「民間伝承」ないしは「民俗」と呼ばれるものであり、さらにはそのなかでも、柳田が思い描く理想の「常民」の特徴を構成すると思われる文化が、とくに「常民文化」ということになる。地域住民の文化からまず「民俗」が切り出され、その「民俗」から良質の「民俗」＝「常民文化」が抽出された。この結果、「民俗」とはみなされない「地域文化」あるいは「ひどく崩れた民俗」は無視されるか周辺に放置されることになったのであった。これを地域共同体に焦点を合わせて言い直すと、共同体の構成員が保持している文化の内容は新旧さまざまである。そのなかに「民俗」として括り出される文化項目があり、さらにその「民俗」(文化項目)から「常民文化」という名にふさわしい文化項目が括りだされる、というわけである。たとえば、ある家庭で、三世代、四世代にわたって、朝食では、パンと紅茶とサラダといった洋食が慣習となって伝承されているとしよう。それは明らかにその家族集団の「文化」であり「民俗」である。しかし、それが、柳田が思い描いていた「常民」の文化にあたるかどうかは疑問とされるわけである。

別の角度からこれを説明してみよう。民俗学では地域共同体=ムラを、常民の歴史を復元するための生きた素材としての「民俗」がたくさん採集できる場だとみなしてきた。そしてそのなかでも良質の資料が一度にたくさん得られる場を探し求めた。柳田の指示を受けた民俗学者たちの調査は、常民文化史の再構成のための素材となるかもしれない、良質の「民俗」=「民間伝承」を求めて、ムラに調査に赴いたのであった。

さらに後期の柳田國男は、こうした常民文化から日本人の民族性さえも抽出できると考えた。「常民」(理念型としての日本人)こそ真正の「日本人」であり、そこに見出される性格が民族性だというわけである。

柳田民俗学の危機

柳田民俗学で特徴的なのは、地域共同体の文化から民俗を選別して採集し、さらにその民俗から常民文化を選別して集積する作業と、その膨大な資料群から、日本の常民文化史・常民論を論じることが、分業でおこなわれたことである。後者に従うのは、柳田と少数の「中央」の弟子たちに限られていた。

しかも、資料を収集する弟子たちには、柳田がその理論や方法を生み出すアイデアを得た、欧米の人類学・民俗学書を読むことさえも禁じたと言われている。これは一種の鎖国状況といってもいい事態であった。こうした指摘は、柳田批判のなかで、耳にたこができるほど聞かされてきたことである。また、その分業体制を、中央の研究者の搾取とみなして批判することもなされてきた。

しかしながら、搾取される側の人びとにとって、搾取されていたのだと評されるようなことが、快楽であったとも言えるのである。というのは、柳田にははっきりとした目的があったからである。地方の研究者は、その夢に自分の一定の時間・労働を捧げたのである。両者は共犯関係にあった。柳田は、いやがる地方の「民俗学者」を、強制的に民俗調査に追いやったわけではない。漠然としていたかもしれないが、彼らは柳田と同じ夢＝「大きな物語」を生きたのである。柳田はその目的のために「郷土研究」を、「民間伝承論」を、そして「民俗学」を作りあげていったのであった。
しかし、それぞれの地域にあって、その地域の民間伝承を柳田の指示にしたがって集めていた採集者のほとんどは、当然のことながら、柳田國男の後継者として柳田に訓練された民俗学研究者ではなかった。柳田は地方の「民俗学者」を「民俗」についての「学者」として育てるのではなく、優れた「民俗」の「収集者」になるための指導をしたのである。にもかかわらず、そうした資料収集者も「民俗学者」という肩書きをもらったのであった。

批判を恐れずにはっきりいえば、初期の「日本民俗学会」（およびその前身の会）は、柳田と一部の民俗学研究者と圧倒的多数の情報収集者にすぎない地方の「民俗学者」の交流会・懇親会・情報交換会という性格を色濃くもっていたのではなかろうか。言ってみれば、柳田を宗主とする疑似カルト集団のようなものであったのではなかろうか。きっと、当事者たちはそうした集団に属したことを幸福であったと思っていることだろう。しかしやがて、そんな民俗学に危機が忍び寄ってきた。しかも、それは二重、三重の危機であった。

もちろん、危機の始まりの最大の原因は柳田の死であった。日本民俗学は柳田が描く「大きな物語」（常民論、常民史）を構築するための素材探し・方法であったが、その肝心かなめの物語作者・ディレクターを失ったために、その大きな物語を語り続けられなくなったのである。いや、「小さな物語」すらも語れる民俗学者もそれほど多くはなかった。大多数の民俗学者は、かつて柳田國男の物語の資料になったかもしれない、そして今では誰が使ってくれるかもわからない、形骸化してしまった「民俗」資料の採集をくりかえすだけになってしまったのであった。あるとき、日本民俗学会の研究大会に参加したときの懇親会で、ある地方の民俗学者から、自分が蒐集した民俗調査報告を誰に送れば読んでもらえるのか、喜んでもらえるのか、と尋ねられたことがある。自分の書いた報告がほとんど読まれていないこと、そんな報告はいらないといった扱いを受けていることに対する不満・不安がにじみ出ている問いかけであった。

柳田國男が亡くなったとき、その目的を継承したり修正したりあるいは破棄したりすることができる、自立した研究者がほとんど育成されていなかった。このために、カリスマ的教祖が亡くなった教団が分裂・離散していくように、急速に学問的な活力が失われ、柳田の指針と構想にしたがって収集された「民俗」資料が、集積されるに任されてしまったのであった。民俗採集者のほとんどは「研究者」ではなかった。民俗学にとって、人類学や社会学などのように、研究者一人ひとりが調査者であるとともに研究者であり、自分の研究の目的を確定し、そのために情報を収集するという訓練を受けていなかったことが大きな打撃となった。

ここで強調したいのは、柳田という巨人が去って、どのように利用されるのかはわからなくなってしまったにもかかわらず、地方の「民俗学者」によって民俗が採集され続けた、ということである。彼らによって開拓され囲い込まれていた、広大な「民俗学」の領地が残っていた。言い方をかえると、しばらくは民俗学者しか調査をしない地域と調査項目（民俗の細目）が存在していたのであった。地方の民俗学者は柳田の指針にそった調査を身近な地域でおこない続けた。その主たる報告の集積場所が、各地に存在していた、あるいは今なお存在し続ける「地方民俗学会」の機関誌であった。日本民俗学会の機関誌ですら、長い間、そのような機能を重視するものであった。

これに加えて、第二の危機が訪れることになった。高度成長期後になると、形骸化（柳田学の血肉となることがなくなったという意味で）した「民俗」採集さえも困難な状況が訪れてきた。柳田が採集を指示した「民俗」という文化、つまり前近代的な村落の伝統的な民間伝承が、近代化・都市化の影響を受け、さらに高度成長の影響を受けて、変容し消滅していったからである。民俗学が誕生した頃には、それこそ、どこにでもあった「民俗」が周辺から雪が溶けるがごとくに消えてしまったのだ。

いったいどこに行けば、初期の頃の民俗学者が採集したような、豊富でそして良質な民俗を伝承する地域社会があるのか。民俗学者たちは必死になってそうした社会を求めて全国を歩き回った。しかし、実際に目にする地域社会は、どんどん崩れ消滅していく民俗の現場であった。地域共同体の人びとが世代交代をしていく限りは、そのことから逃れることはできない。たとえ民俗学者が現存する民俗をそのまま伝承しておいて欲しいと思ったとしても、民俗を伝承する社会の人びとが廃棄を選んだならば、あるいは地域では保存したくとも過疎化・高齢化などによってそれがかなわない状況が生じたならば、伝承はたちどころに消え去る運命にあった。世代交代が生じても、新旧の文化諸要素の交替が生じても、一定の割合で、未来まで「民俗」が確認されるような仕掛けがほどこされないかぎり、「古いとされた文化」は消えていく。もし柳田國男が生きていたならば、彼はこの現代においても新たな「民俗」をつぎつぎに発見し、どのような学問よりも早く現代社会のなかに民俗学の研究領域を見出してくれたかもしれない。しかし、柳田の死後、「民俗」はほとんど固定してしまっていた。つまり、柳田國男が採集を指示した民俗は、近代化・都市化の影響を受けて変容し消滅していった。

桜田勝徳はある文章（『民俗学の課題と方法』著作集、第五巻、名著出版）のなかで、民俗学の調査を批判的な視点から、こんなふうに述べている。

日本の民俗学が、民俗資料を採集する最大の場は、村や家であった。「村や家生活は時とともに移り変わっていたのであって、その中に伝えられる民俗のありかたもまた移り変わらざるをえないものであった」。にもかかわらず、従来の民俗調査は「古いやかたを古老などを通じてせんさくしていく、そういう調査に重点が置かれていた」。「そこにはいっそう古風な生活ぶりが豊富に残っていて、効率のよい、そしてより古い民俗の採集ができるかもしれないという期待を抱いて、もっと辺鄙な山の奥や離れ島にも進んで調査者は入っていった。そしてそこで、行政村には、はなはだ無関心であったとしても、僻地に強く残った伝統の村落共同体には、いやでもぶつからねばならなかったのである」。

また、こんなことも言っている。「われわれはもっと古い、そこには素朴な技術や信仰が生きていて、そしてそれをもとにした集団生活や自律的な制度のある、そうした村の生活やそのなかでの家や個人の生活を民俗を通じて求めていたといってよいと思う。……そして生活を探るといっても、現在の実態に焦点を向けたのではなかった……また数十年前の、より自給度の高かったころの民俗的な村生活のしかたを、もうこれ以上深く調べてみることはできないと思われる限界を望み見ることもしばしばできたと思う。そこでそこのそうした民俗を画地調査をすることがもしかどこかでできて、それをやりとげることができたとしたら、もはやそこでは民俗調査は完了したものとして、その後にそこの調査をおこなう必要は全くないものと考えられるような、そうした調査の態度で調査してきたといえるであろう」。

桜田が指摘するように、民俗学者が考えた「民俗」は、三世代以上伝承されている文化のうちでも、調査時現在のそこにある「民俗」を採集するというよりも、そこに生きている人びとの記憶にある「潜在化」している、あるいはもう消え去った「前代」の「文化」という、限定されたものであったのである。人類学者たちからは、せっかくフィールドに赴きながら、そこに生きている文化を調査しないとはなんともったいないことをしたものだ、という嘆息が聞こえてきそうである。

「民俗」社会と「民俗」学

「民俗」はどこにあるのか。かつては古風な伝承を残す村落や商家などが各地にあって、そこから「民俗」をたくさん採集することができた。その頃は民俗は豊富に見いだせた。しかし、いまは「民俗」は減少し、採集が困難になっている。ムラやマチは非「民俗」的な文化で占められるようになってしまった。そうした状況のなかで、民俗学は危機感を抱くようになった。そこで、「民俗」はどこにあるのか、と必死で問わねばならなくなってしまったのである。「耐用年数が過ぎた」という批判や「落日の民俗学」といった表現が与えられてその衰退を揶揄されるのも、このことが大きな原因の一つとなっている。

それでも、まだ昔の話を聞ける、まだ調べることができる、と必死でムラやマチを歩いている民俗学者もいる。そんな民俗学者の一人として、たとえば、野本寛一を思い浮かべる。時間が経てば経つほど民俗採集が困難になっていくというなかで、効率の悪い調査に身を捧げている彼の仕事ぶりは尊敬に値するものである。しかし、若い世代の民俗学者には、野本寛一が生きてきた時代よりはるかに旧来の「民俗」が見えにくくなっているのはたしかである。

にもかかわらず、日本民俗学の指導者の一人である福田アジオが『日本民俗学方法序説』の冒頭で、はっきりと「民俗学はすべて柳田によって規定されている」と述べていることにも示されているように、今日なお多くの民俗学者がまだ柳田の「民俗」観を基本的には継承しているのである。

くりかえしになるが、民俗調査のオーソドキシーは、柳田にとって良質な「民俗」――それが民俗採集の目的であって、それを生かすも殺すも、柳田しだいであった――を採集することであった。採集すべき「民俗」調査項目が書かれた調査用ハンドブックを片手に、前代の（古風な）、伝承性（言い伝えられる）、継承性（受け継がれる）、反復性（繰り返される）といった性格をもった文化が少しでも多く残っていそうな地域を探しだし、その地域の人々の記憶としての文化から、「民俗」を切りとり、それを記述し、報告することであった。問うべき課題は、この枠組みをこれからどれだけ踏み越えて飛躍できるかということになる。

さて、ここで少し視点を変え、人類学的な「民俗」観について述べよう。人類学の訓練を受けてきた私の「民俗」観、「民俗調査」観は、民俗学のそれとはずいぶん異なっている。ここでその作業をするのはなぜかというと、「民俗」概念がはっきりとした定義や議論がないままになし崩し的に変えられ、いったいこの研究者は「民俗」をどのような意味で使っているのかがわからないような例がたくさんでてきているからである。しかも、そのなし崩しは、人類学に従ってなされているかの装いをとることが多いのである。

すでに述べたように、人類学者は基本的にどこでも社会が存在するところでは調査ができ、また調査するというのは同時に研究することであり、収集する情報は自分の研究の目的のために集める、したがってその自分の研究目的に沿った分析方法や理論を自分で探し出し、身につけ、それを用いて自分が収集したデータを分析する。民俗学のような分業体制ではなく、個人営業的な性格をもっているのである。それだけでも、民俗学と人類学は異なった研究方法をもっていることがわかる。

私は大学院博士課程に入ったばかりのときに、「「憑きもの」と民俗社会」（『憑霊信仰論』講談社、所収）を執筆し、そこで「民俗社会」という用語を使用した。だが、この「民俗」は、柳田民俗学が把握した「民俗」とは異なる概念で、イギリスの社会人類学の影響を受けたアメリカの社会人類学者ロバート・レッドフィールドやエリック・ウルフ、ジョージ・フォスターたちの「農民社会」peasant societyの研究とその研究で用いられていた「民俗社会」folk societyという概念を参照したものであった。

レッドフィールドは、柳田國男の「都市と農村」の研究と比較することができるような重要な研究をおこなった人類学者である。彼の議論は、社会進化論的な見通しのもとでなされていた。すなわち、「未開」から「文明」への変貌という図式であり、「都鄙連続論」である。それまでの人類学は、都市文化（文明社会）の影響をほとんど受けないという意味での孤立した社会、つまり「未開」社会の研究をしてきた。彼はこうした社会の多くが、都市文化の影響を受けて変貌していくだろうとの予想のもと、それがすでに実現している「中間的社会」をメキシコのユカタン半島の農業を営む村落共同体社会に見出し、それを「農民社会」（民俗社会）として把握し、その調査研究をおこなった。さらに、これを受けて、フォスターは、その内的メカニズムを明らかにしようと試みた。注意したいのは、「農民社会」を国家・都市社会つまり「文明」の影響を受けた社会あるいはその一部をなす社会としたことである。また、さらにウルフはこの都市の影響を受けている「農民社会」を、その影響度の強弱に応じて二つの類型、すなわち比較的自給自足的でそれゆえに閉鎖的な農民社会と、商品経済の影響を強く受けた開放的な社会の二つの類型を設定した。

　私はこの議論を踏まえ、日本の村落を「農民社会」として把握し、さらに人類学者に従って「民俗社会」と表現した。もっとも、「農民社会」および「民俗社会」をめぐる人類学者たちの議論は、かなり錯綜している。そこで、私はとりあえず「民俗文化」とは農民たちがもっている文化のすべてであり、そのなかには相対的意味で、都市化している民俗文化と未開的ものを保持している民俗文化に区分できる文化諸要素が混淆していると理解することにした。

　たとえば、農民社会の住民が都市の市場に農作物を売りにいく場合、背負子で背負って行くよりも、自転車（文明社会の産物）を手に入れてその荷台に載せた方が効率的であり都市・文明化しているということになる。自転車がオートバイに、さらに自動車になればもっと効率的であり、都市・文明化していることになる。そこで、自動車をもっている農民からみれば、自転車をもっていない農民は「未開」な生活を営む農民であり、自動車をもっている農民は自転車やオートバイしかもたない農民は自分たちより「未開」な生活を営んでいるということになる。しかし、自動車を持っている農民も、自動車はもちろんオートバイや自転車も持たない農民も、農民社会の担い手であり、「民俗文化」の担い手なのであり、自動車もオートバイも自転車も、背負子も、民俗文化なのである。

　上述の私の論文は、日本の村落社会（農民社会）における「憑き物」信仰を分析したものであるが、その際に用いたフォスターの「限定された富のイメージ」という概念は、こうした「農民社会」（民俗社会）研究のなかから生まれた分析概念であった。この概念は、上述の二類型でいえば、都市文化・文明の影響が弱い、比較的孤立した「農民社会」を念頭においていた。この農民社会（民俗社会）類型では、都市との関係で社会が経済変動しているにもかかわらず、そのことを住民が十分に理解できず、村落内の「富」は限定しているので、特定の家の急速な繁栄は、村落内の誰かの富が奪われたことによっている、といった思考が働き、その制裁のメカニズムとしてウィッチクラフトが発動されたりする。フォスターはこうした思考を「認識の方向づけ」と呼び、のちには「妬み」という言葉で抽象化した。こうした考えはさらに平準化（レベリング）理論というかたちでアフリカ社会の分析にも利用されるようになった。そして、私はこうした「農民社会」（民俗社会）がもっている「世界観」を「民俗宗教」であると考えたのである。

さて、このように、柳田國男の眼差しが捉えた「民俗」と人類学者たちの眼差しが捉えた「民俗」は、同じ農民社会の人びとが担う「文化」ではあったが、異なっていた。柳田が日本の農村社会の文化のすべてを「民俗」とみなしていたわけではないからである。また、その当時の民俗学では「民俗社会」とか「民俗宗教」という語はほとんど用いられていなかった。むしろそうした概念を使用することにどちらかといえば否定的だったかに思える。たとえば、人類学的な研究に理解を示しその成果の摂取を歓迎していた民俗学者の坪井洋文でさえも、「民俗社会」とか「民俗宗教」という語のなし崩し的な導入を好ましく思っていなかった。おそらく、直感的に双方の概念の違いやその目的の違いを察知していたからであろう。

ところが、若い民俗学者たちを中心に、「民俗社会」とか「民俗宗教」とか「民俗文化」といった用語が、まさになし崩し的に浸透していったのである。「なし崩し的」とは、上述のような概念の違いについての検討や民俗学への導入の必要性などが十分に議論されることなく、村落社会に代えて「民俗社会」が「民間信仰」に代えて「民俗宗教」という語が用いられるようになったということである。

ここで確認しておくと、レッドフィールドの場合、一方の極に準未開社会（民俗社会）、もう一つの極に文明社会（都市社会）を置き、前者から後者への変化過程の研究であった。したがって、私が民俗学の世界に足を少し踏み込んだときに、日本民俗学は都市文化に対置される、しかもその影響のもとにある、農民を主体とする村落共同体社会としての「民俗社会」の研究をしているものだと思っていた。私の頭のなかにあったのは、空間的概念としての「田舎」であった。そして、その田舎＝農村＝民俗社会が持っている文化のすべてが「民俗文化」であった。また、人類学者にならって、「民俗文化」の中身は「民俗社会」から分離可能なものでもあった。すなわち、農民がもっている背負子や自転車や自動車は「農民文化」（民俗文化）であるが、都市のサラリーマンが持っている背負子（リュック）や自転車や自動車は「農民文化」（民俗文化）ではない。また、「農民社会」が持っている「農民文化」は都市の影響を受けて変貌していくとも考えていた。「農民社会」（民俗社会）が持っている「憑き物」信仰も、都市・文明社会の影響を受けて変貌するなかで生まれてきたものであり、その変貌にともなって変質したり消滅していくものと理解していた。「憑きもの」信仰をもった民俗社会の研究、そして「異人殺し伝承をもった民俗社会」は、いずれも、「民俗社会」が変貌していく過程の、ある「相」（段階）を写しているものだという前提で、考察したのである。

さらにいえば、「農民社会」自体が、都市との関係によって「都市社会」（非農民社会）にすっかりに変わっていく場合もあると考えていた。もちろん、その一方には、都市文化をどんどん摂取しながらも、農民社会であり続ける場合もある。ようするに、農民であることを基本的に守っている社会は将来においても存在するであろうと想定していたのであった。

人類学者は理論的には、人間が社会生活を営んでいるところならば、どこにでも調査にでかける。人類学はその社会の調査から、その特性を明らかにしようとした。「都市社会」の調査に出かける者もいれば、「農民社会」にもでかける。私の場合、たまたま調査に入ったのが人類学でいう「農民社会」であり、「民俗社会」であったにすぎない。その調査において「憑きもの」信仰や「異人殺し」伝承に遭遇し、それを通じて都市（文明）の影響を受けて変貌する「農民社会」（民俗社会）の局面を切り取ったにすぎないわけである。逆に言えば、その限りにおいて人類学と民俗学がクロスしていたということになる。

「民俗」概念の変容

ところで、柳田は、民俗学という学問を作り出して、「常民」という抽象的な概念を設定しつつ、その「常民文化」の歴史を再構成しようとしていた。その壮大な目的を、現在の民俗学はどのように評価しているのだろうか。またそのような研究の現在の担い手は誰なのだろうか。

たしかに、日本民俗学の概説書のたぐいには、題目のように、民俗学の目的として、常民の歴史の再構成と日本人の民族性（エートノス）の解明を挙げている。その意味では、民俗学はその使命を放棄したわけではない。しかし、そのような題目を唱える民俗学者自身が、実際は、常民論を内面化し、柳田の常民論・常民史に真正面から取り組んでいることはきわめて少ない。それは誰かがしてくれるはずだ、といった感じなのである。いや、民俗学の目的がそこにあったことすら忘れている民俗学者が大多数を占めている。いま、思いつくままに、柳田の思い＝目的を引き受けて、民俗学的な営みを積み重ねてきた学者をあげるとすれば、色川大吉、坪井洋文、谷川健一、五来重、そして赤坂憲雄であろうか。

こうした常民史・常民文化論にこだわる研究者とは別に、従来の常民概念（＝大きな物語）を放棄し、より等身大の人間集団の研究へと、民俗学の性格を変えようとする研究者たちがいる。その指導的立場にいるのが福田アジオである。福田も、民俗学を一種の歴史学とする考え方に立っている。

『日本民俗学方法序説』のなかで「民俗は超世代的に伝承されているものである」と述べ、「民俗学の目的については種々の意見があり、共通した認識は存在しないといってよい。しかし、それを最終目的とするか、中間の分析過程とするかのちがいはあっても、少なくとも民俗学はある種の歴史的世界を再構成するものとしては認識されている。したがって、民俗は、それを研究対象として歴史的再構成が可能な事象でなければならないであろう。その歴史的再構成とは、過去一般へ事象を投入するということではなく、なぜ特定の過去に存在し、なぜそれが現在まで伝承されているかを明らかにできるということでもある。したがって、民俗を伝承する集団（これを以下伝承母体という）は、その構成員は時間と共に具体的存在としては変化し、交替して行くが、その構成のあり方や秩序は存続して永くその構成員に対して一定の規制を加えてその事象を担わせる集団でなければならない」とし、「かくて、民俗は一定領域を占取して超世代的に存続する社会集団が規制力をもってその構成員に担わせることで伝承されている事象ということになる」と定義している。すなわち、福田は、柳田が抱いていた「大きな物語」の構築のための資料としての「民俗」採集・研究を放棄している。そしてその代わりに「ある種の歴史的世界を再構成」するための素材として「民俗」資料を位置づけ直す。

福田は民俗学者に「地域」に戻れと呼びかけ、地域民俗学を提唱していることで知られている。彼のこれまでの研究実績をふまえれば、右の引用の発言もより明瞭になってくる。彼は桜田勝徳の「ムラ」研究に導かれて、「民間伝承」の主たる供給地としか考えられなかったムラそれ自体の構造の研究を提唱しているのである。その意味では、社会人類学の「社会集団」研究や「民俗社会」研究に類似し、実際、彼の発言は社会人類学や社会学の影響を強く受けてのものである。

福田の視線は、どうやら近世に成立したムラの構造すなわち農村の村落組織とその下位組織の解明に向けられている、と言えそうである。そうした重層化した村落組織が保持していた「文化」のうち、超世代的な伝承文化を「民俗」とみなそうと主張したのである。さらにそうした研究に従うことで、調査者一人ひとりが自分の内部から生まれてきた学問的目的を持つことができ、分析方法や理論を自分で探し出し、それに従って研究すれば民俗学者になれる、と説いたのであった。つまり、福田は、民俗学は柳田國男に律されていると言いながらも、言葉巧みにそこからの離脱を勧めていたのであった。

福田の民俗学は、前代（近世的世界）の村落社会構造の再構築（これが「ある種の歴史的世界」の実態であった）の学問として想定されている。現行の村落社会調査から、前代にまで遡及できるような「文化」を探し出そうとしているのだ。それが彼の「民俗」概念であった。興味深いのは、「民俗」を保持している「社会集団」を「伝承母体」と表現し、その「伝承母体」それ自体を「超世代的に継承される集団」と述べて、その具体的集団を村落社会や家集団、家族集団その他の各種の社会集団とみなしていることであろう。

こう述べることで何が変わったのだろうか。従来の「民俗」つまり伝統的な社会集団が保持する「超世代的文化」として「民俗」を、「超世代的な集団」に保持される「文化」としての「民俗」（超世代的な文化に限定されない文化）に変えてしまったのである。逆にいえば、非超世代的でない集団が担う文化は「民俗」でないということになった。

では、現代において超世代的集団とはどのような集団なのだろうか。その集団の担っている文化はすべて「民俗」といっていいのだろうか。こうした新しい規定によって、ということは新しい「民俗」概念によって構想された「民俗学」によって捕捉可能となった集団ということであるが、思い浮かぶのは、村落集団のほか、町内会や商家などといった集団である。理論的な経緯をみれば、上述の都市民俗学は、人類学的な装いを取ろうとしているかに見えるのが、実際には、こうした「民俗」概念の転換の延長上に出てきたものであった。しかし、現代においては、超世代的な集団として想起できる集団はそう多くはない。家族集団、親族集団、伝統のある会社集団や宗教集団……。ようするに、それは「伝統的集団」と言い換えることができる集団のことである。しかし、そのような集団も時代のなかで変化してきており、連続性と断絶性の双方を抱えもっている。「民俗学」の研究をそのような集団の研究に限定したとして、その「民俗」から何を抽出し、それによって何を言おうとしているのだろうか。残念ながら、この点は福田の仕事でははっきりしていない。

「民俗」は民俗学者の頭のなかにある

さて、「民俗」という言葉をめぐって、あれこれと議論を重ねてきたが、ここで一応の結論を出しておくことにしよう。
「民俗」はどこにあるのだろうか。それは客観的素材として「民俗」はかつて存在し、いまそれが消滅しつつあるのと言うのだろうか。それとも現在も、また未来にも「民俗」は存在していると言うのだろうか。

答えは簡単である。これまでの議論から明らかになったように、じつは「民俗」とは客観的存在ではないのだ。昔はそれはどこにもなかったし、どこにでもあったものである。つまり、民俗学者が民俗学的考察の対象として選びだしたものが「民俗」なのであった。

では、民俗と非民俗とを区別する基準はなにであり、どこに探せばいいのだろうか。民俗学の草創期にあっては、主として柳田國男が「民俗」とみなしたものが「民俗」であった。それはたしかに「稲作主体の村落社会」に豊富に見出され、とりわけ「辺境」とみなされた地域に濃厚に伝承されていた。そしてそれは「常民文化」を再構築するために利用されるべきものであった。

社会人類学で理解された「民俗社会」は、「未開社会」と「都市・文明社会」との対比のなかでとらえられた社会類型であり、また都市との関係をもった比較的自立した「農民社会」のことであった。そして、その社会が抱えもっている文化の総体が「民俗文化」であり、そこでは「古い文化」ほど「民俗的文化」であるといった選別の認識はない。現代の換金作物を作る農民社会であっても、その社会は「民俗社会」であり、その文化総体が「民俗（文化）」ということになるわけである。

現代の民俗学者の一人である赤坂憲雄にとっての「民俗」とは、柳田が「民俗」とはみなさなかったような「民俗」、非稲作文化、稲作以前に日本列島にあったと思われる「文化」が「民俗」として登録された。彼の「民俗」資料は、柳田國男が見逃した「もうひとつの常民文化」あるいは「いくつもの日本」像の再構築のために用いられる資料であった。

福田アジオの場合は、現代社会を反省的に理解するための鏡としての「近世村落社会」の再構成のために利用できる資料として「民俗」資料は理解された。

このように、彼らは同じ「民俗」という語を用いながらも、その内容は大きく異なっていた。「民俗」概念は民俗学者によって異なる。民俗学の不幸は、研究上の概念とはそういうものだという認識を持ち得ないでいることにあるのだ。

日本の民俗学の出発点では、柳田國男がその民俗学の考察の対象・素材にしたものが「民俗」であった。その弟子たちはそうした「民俗」に縛られ続けた。村落には、それ以外の文化がありながらも、村落に見出せる旧来の「民俗」の定義にあてはまらない「伝承文化」や「新しい文化」は、「民俗学」の埒外とされた。しかも、柳田の頭のなかにあった「民俗」にそって見出された「民俗」を、つまり「民俗」というラベルを貼られた村落文化を、あたかも客観的存在のごとくに理解してしまったのであった。しかし、それでも、「民俗」が研究者の頭のなかにあるのだと気づいた少数の民俗学者は、柳田の「民俗」概念を慎重に修正し、自分の頭のなかに構築された「民俗」概念へと変えようとしてきた。

そうしたことを踏まえれば、ここははっきりと「民俗」とは、民俗学者の頭のなかにある、と言い切ってもいいのではなかろうか。もちろん、その頭のなかに構築された「民俗」が柳田國男のそれと同じでもいいだろう。しかし、人類学的な意味での「民俗」でもいいし、支持されるかどうかは別にすれば、これまでの「民俗」概念とはまったく違った概念を作り出してもいいわけである。

「民俗」という用語は、民俗学者の考察の対象・研究素材であるという「しるし」にすぎないのではなかろうか。もし現代の民俗学者が、民俗学の考察対象として、コミックや映画・アニメーションその他やプロ野球阪神タイガースや巨人のファンの研究や宇多田カオル流行現象を民俗学的考察の対象にすれば、それは「民俗」資料になる。だから、「民俗」はいつの時代でも、人間がいるかぎり存在しているはずである。もっとも「民俗学」の考察の対象にならなければ、それはいつまでも「民俗」ではないのである。民俗学はかつて「民俗」というラベルを貼り付けた対象が、そのラベルを貼り付けたまま一人歩きしはじめたことに気づいていないようである。

さてそこで、次のように問われるであろう。それでは、その「民俗学的考察」の独自性とはなにか、と。なぜそれが「民俗学的」なのか、「民俗学」とはいったい何を目的とする学問なのか、と。

現代では、既成の学問がまったく注目しない「無主の地」としての地域・文化領域は、もはやこの日本のどこにもない。かつて「民俗学の領地」であったかに思えた村落社会も、さまざまな学問が入り込み、そこから集めてきた「民俗」資料というラベルの上に「歴史学」資料、「人類学」資料、「国文学」資料というラベルを貼っている。そうした状況のなかで、「民俗学」はその学問の独自性をも打ち出さなければならない。現代における民俗学の最大の危機は、それができなくなったからである。

私は人類学から出発した民俗研究者であるが、「柳田國男の民俗学」から得た民俗学の独自性を、日本人の「神」観念の解明に見出している。そうした研究に役立つものが、「民俗」というラベルを貼ることのできるものであると思っている。しかし、これがもし誤解を受けるとすれば、「民間信仰論」とか「日本民衆神学」などと呼んでも、いっこうにかまわない。神なき時代の、神探しが、私の「民俗学」なのである。

いずれにしても、民俗学者を標榜する人たちは、各人の「民俗」観を問われている。「あなたの『民俗』はどこにありますか。それはそれでどのような『物語』を描き出そうとしているのですか」と。

「民俗」はどこにあるのか。それは煎じ詰めれば、民俗学者の頭のなかにある。それが外界に対応物を見出したとき、それが「民俗」になるのである。私たちは自らの「民俗」概念を出し合って議論し、それをどれだけ共有できるものかを考える時期にきているのである。そして、そのなかの一つが多くの民俗学者に支持されるようになったとき、新しい「民俗」とそれに基づく「民俗学」が誕生することになるわけである。

民俗学は、強靭な思想と方法と構想力をもった新しい「常民」概念もしくは「民俗」概念を構築する研究者の登場によって、一挙に再生するにちがいない。

付記　本稿は、成城大学民俗学研究所主催の「『民俗』はどこにあるのか」と題した講演記録（『成城大学民俗学研究所紀要』第二十四集、二〇〇一年三月）に、加筆修正を加えたものである。

新しい「民俗」を求めて

はじめに

鈴木正崇は、現在の民俗学の状況を次のように述べている。「黄昏の民俗学、落日の中の民俗学という言葉が囁かれている。確かに民俗学には退潮や衰退の兆しがあり、その原因としては、伝承母体としての村落社会の崩壊、柳田國男に依存した学問の性格、曖昧な概念の使用と方法論の脆弱性、憶測的な歴史の再構成への執着などが挙げられる。一九六〇年以降の高度経済の影響も大きく、その再構築にあたっては、歴史的状況を踏まえて現状に謙虚に対応していくことが望まれる」(「日本民俗学の現状と課題」)。

ここでは、前稿に引き続いて、こうした状況を前にして、私が考える「民俗学」とはどのような学問であり、またその研究素材である「民俗」とは何なのかを議論し、合わせてその延長に具体的な「民俗」の考察もおこなってみようと考える。

「民俗」とは何か――主観的産物か、客観的存在か

日本民俗学はその創始者柳田國男の民俗学に規定されているという。これは近代科学としての民俗学の萌芽が現れてから百年近くも経ち、現在に至る日本民俗学会が設立されてから五十年もの歳月を重ねているにもかかわらず、いまだ柳田國男を乗り越えるかたちの学問を作り出しえないでいることを意味する。

柳田國男の民俗学は、おおざっぱにいうと、戦前までの学問業績によって物語られる前期と、敗戦後のそれである後期に分けることができる。前期では、「常民」という言葉で表現された、主として文字以外の方法で文化を伝承してきた民間（非有識階級）の人びと、とくに定住農村居住者たちの歴史を、彼らが伝承する文化（民間伝承）によって復元し、この研究を通じて「なぜ農民は貧しいのか」を明らかにすることを目指していた。これとは対照的に、後期では、日本の敗戦を契機にして考察の対象が「常民」から「日本人」「日本文化」へと移った。日本人とは何か、日本民族・文化の起源はどこにあるのか、といったナショナリズムと結びつきやすい研究に大きく転換したわけである。

民俗学者の多くは、こうした柳田國男の学問の目的や方法に依存もしくは寄与する形で自らの学問を位置づけてきたわけであるが、現在では、時の流れとともに、そうした自己の学問の意義づけ・位置づけの再考がないがしろにされているために、民俗学がとても曖昧なものになってし

まったのである。

ところで、最近刊行された、民俗学の目的と方法を総合的に論じた『民俗学の方法』(「講座日本の民俗学」1)は読み応えのある論文が多く載っている論文集であるが、このなかで、編者の一人福田アジオは自ら「民俗学の目的」と題した論考を執筆し、こうした状況をふまえて、重要な提言をおこなっている。

まず、「民俗学の目的という問題を正面から議論したことはここ数十年の間にはなかった。民俗学の概説書や辞典では民俗学を説明するなかで、その目的とか方法を記述してきたが、それをめぐっては学界として議論を俎上に載せることはなかったと言える。したがって、ここで改めて民俗学の目的ということを大上段に振りかぶってみても、その検討材料は必ずしも多くない」と述べ、その少ない検討材料として、以下のような事例を挙げている。

すなわち、和歌森太郎は『日本民俗学』において、この学問の目的を「日本民俗学は、今日聞きうる諸々の民間伝承の比較を通じて、日本人の心性、生活文化の特色を把握しようとする学問である」と述べている。また、桜井徳太郎(「日本史研究との関連」)は「日本民俗学は、日本民族が送ってきた伝承生活、また現に送りつつある伝承生活を通じて、日本民族のエトノスないしフォルクストゥムを追求するところに、その学問的目標をおく。ここでエトノスないしフォルクストゥムということの意味は、民族の特質、あるいは本質と解してよかろう」と説き、そして、谷口貢は若手民俗学者たちによって書かれた『現代民俗学入門』において「民俗学は、民俗つまり民間伝承を対象として、その持つ意味を分析的に考察をおこない、生活文化を再構成する学問であるといえる。民俗学が日常生活を重視するのは、それが民族文化の基層をなしており、この部分を究明することが日本文化の全体像を明らかにすることに寄与すると考えているからである」と書いている。

こうした「大きな目的」は、明らかに後期柳田國男の研究の影響を前面に出したものである。常民の歴史を明らかにするのだというよりも、日本人の歴史や心性を明らかにするのだ、というスローガンを掲げたほうが、読者の受けがよいと思ったのだろうか。

ところが、こうした「大きな目的」を掲げながらも、民俗学者たちはその目標に向かって研究してこなかった。すなわち、民俗学がたどってきた研究の実態はそうでなかったのである。福田アジオは、それを次のように言う。

「この半世紀近い間で、民俗学の研究過程で、あるいは研究成果に基づいて、日本民族の民族性、エートノス、あるいは心性、または民族文化の特性を明らかにしたり、論じたりしたものはない。あるいは民族性、エートノス、民族文化とはいかなるものかについて議論したこともない。民俗学の研究活動がいかに進んでも目標にまったく近づいた感じがしないような、はるか無限大の遠くに目標を設定することは『安心感』を与える効能しかないであろう。個別具体的な研究およびその集積によって達成できる目標が設定されてはじめて民俗学の方法も議論することになる。民族文化、民族性、エートノス、あるいは基層文化などという空疎な題目を民俗学の目的とすることは止めなければならない」（前掲論文）。

まことに手厳しい批判である。しかし、この現状把握はまったく正しいと思う。遠大で崇高な目標を掲げる当の本人たちが、じつはその目標を内面化して研究に取り組んでいないからである。十年も二十年もの長きにわたって民俗学の研究に従事しながら、個人個人の研究業績の集積がそのことにいっこうに結びついてこないのだ。きっと、そのような目的をつねに胸に抱き、それに向かって研究を積み上げていこうなどといったことを少しも考えていないのであろう。もしこれが実態ならば、民俗学者たちはもうそんな人を欺くような目標はさっさと下ろすべきであった。また、その目的を放棄したくなければ、研究者の一人ひとりがお題目だけではなく、それを物語る研究業績をしっかり出さねばならなかったのである。福田アジオの批判は、民俗学者の一人ひとりに「あなたの民俗学の目的は何なのか。あなたの研究業績はそれに向かって積み上げているものなのか」を問いかけているのである。

福田アジオは従来の民俗学の「遠大な目的」を放棄せよと言う。しかし、もしこの目的を放棄しただけならば、いうまでもなく、民俗学は消滅する。目的を失った学問は、必然的に方法も失われ、研究は形骸化し、やがて朽ち果てる。

もちろん、後述するように、福田は民俗学の目的の再構築を提案している。しかし、これは「言うは易し、行うは難し」の大変な作業である。「はい、そうですね。おっしゃるように教科書を書き換えましょう」といったことではとうてい済まない、この学問の性格を根底からくつがえす危険性をはらんでいる作業なのである。目的が変われば、その目的を実現するための素材＝「民俗」事象の中身も変わらざるをえないであろうし、また、そうした素材を用いて目的に近づいていく方法や素材収集の方法も異なってこざるをえないからである。つまり、極論すれば、これまで収集した「民俗」資料のすべてを放棄し、目的に見合った資料を新たに採集しなければならないかもしれないのだ。

ところで、和歌森太郎と桜井徳太郎そして谷口貢を比較した場合、かなりの違いを見せる民俗学観であるが、論者たちはいずれも「民間伝承」を素材にするという条件を付している。これは文字通りに受け取れば、単に民間に伝承されているもの、ということである。これに従うならば、千年前にもその種の伝承はあったし、もちろん民俗学が誕生してきたときもあったし、現在でもあり、そしておそらく未来にもあるだろう、ということになる。

しかし、民俗学の扱う過去（伝承）には、もうひとつの条件が課せられてきた。それは絶えず「現在」との関係で「過去」を把握するために見出される、ということである。すなわち、それは時代の流れとともに変動する、中身が変わるものであった。ところが、民俗学の確立期に、驚くべきことに、それが固定化・形式化されてしまったのである。多くの民俗学者がその「固定化された形式化された民間伝承」に縛り付けられたわけである。

和歌森太郎にしたがって、もし「日本人の心性や生活文化の特色」を明らかにするのが民俗学の目的だとするならば、その目的の解明にそって集積されたものが民俗学の研究対象＝民俗（資料）であり、それを固定された民間伝承のなかから探し出さねばならない。それが「民俗」であり、それ以外の文化事象は「民俗」ではないからである。桜井徳太郎の場合は、「民族の特質ないし本質」を明らかにするのが目的であるので、そうした民間伝承のなかから、その目的の解明に沿って集められた素材が「民俗」（資料）であるということになる。谷口貢の場合はどうだろう。谷口は民俗学の最終目標を「日本文化の全体像」の解明に置いているが、「寄与できる」と述べるようにやや腰を引いた物言いになっていて、むしろ直接の目的を「生活文化の再構成」に求めているので、そのための研究対象が「民俗」（資料）ということになる。だが、これもやはり民間伝承のなかから素材を探さねばならないのである。民俗学においては、民俗学の目的とその素材は堅く結びついているのである。

ところで、この目的のために集められた素材群が、もしその目的を失ってしまえば、当然のことながら、浮遊するばらばらの資料群になってしまうであろう。もっとはっきり言えば、目的があったから、たとえば農具は「民俗」でありえたわけであるが、目的がなくなれば単なる農具に戻ってしまうわけである。

勝田至は、文字記録としての歴史資料と比較しつつ、このことをきわめて的確に述べている。「民俗学の研究対象は、調査者が聞き取りまたは観察する現在もしくは話者の記憶にある事象であるが、こちらのほうはその対象があらかじめ客観的に定まったものではなく、調査対象の人びとが現在行っていたり知っていたりすることは無限にある。この中から、調査者が民俗学の研究対象となる『伝承』とか『民俗』であると考えたもの、普通は学史的に『民俗』とされているものをそう考えて、それを調べるのである。つまり研究目的が調査範囲を規定しているのだが、その目的は、民俗学という学問が形成された時点では、つまり柳田の学問では、それによって過去（ここでは、この程度の曖昧な言い方にとどめる）を明らかにしようというものだった。現在でも『民俗』の範囲を規定しているこのパラダイムはなくなっていない。それがなくなる時は、民俗学が完全に消滅する時であろう」（「民俗学と歴史学」）。

ようするに、民俗学の研究対象は客観的に存在するのではなく、民俗学の目的や方法があってはじめて目の前に現れてくるのであるから、もし民俗学が従来の目的とそのための研究方法を放棄したならば、その時点で従来の意味での「民俗」（資料）はもはや「民俗」（資料）ではなくなってしまう、というわけである。

同様のことは、すでに池田弥三郎も「民俗芸能」に即して簡潔に述べている。「そもそも民俗芸能とは民俗学的考察の対象になる芸能である。芸能を民俗学的考察の対象としてとらえたとき、それは民俗芸能である」（「芸能概論の試みとして」）。これを敷衍していえば、「民俗」とは、民俗学的考察の対象になった文化事象である。くどいようだが、「民俗」とは、農具といった実体的・固定的なものを指し示すものではなく、民俗学者の「頭のなか」に、その「眼差しのなか」に存在しているものを意味するのである。

「民俗」の固定化・外在化

「民俗」について、もう少し具体的に検討してみよう。たとえば、私が毎日使っているペンや鉛筆。これは「民俗」と思えば「民俗」であり、そうではないと思えば「民俗」ではない。つまり、民俗学者が民俗学的考察の対象にすれば、それは「民俗」となる。農村で古老が語る伝説。これもまた「民俗」と思えば「民俗」であり、そうではないと思えば「民俗」ではない。民俗学的考察の対象になれば「民俗」であり、そうでなければ「民俗」ではない。そういうことなのである。

なるほど、たしかに、私たちは自分たちの外部に「民俗宗教」とか「民具」とか「民俗芸能」とかいった「民俗」が客観的に存在していると思っている。しかし、それはもとをただせば、民俗学者がそれを民俗学の考察に取り上げたときに貼りつけたラベルにすぎない。大昔から伝承者たち自身が「民俗宗教」と名づけてきたわけではないのだ。

民俗学の不幸は――民俗学誕生期にあっては幸せなことであったというべきであろう――、民俗学者たちがそのことを十分に自覚していないことである。その原因のひとつは、民俗学が誕生した当時、このきわめて主観的な産物として目の前に現れてきた「民俗」(資料)を研究対象にする学問が、この学問以外にはなかったことによっている。当時の学問のどの分野も、「民俗」というラベルが貼られた文化事象が学問の対象になるとは思っていなかったのである。その頃はまだ、民俗学と人類学さらに社会学さえも未分化であった。

そこで、民俗学者たちは、無主の荒地を開拓しその所有者になるような気分で、文字をまだ知らない人びとが多数をしめる、都市から遠く離れた農民や漁民の地域に赴き、その地域のさまざまな文化事象に「民俗」というラベルを貼っていった。そこでは、まだほとんどすべての文化事象がいわば潜在的に「民俗」であり、民俗学はそれを研究目的にしたがって顕在化させ、そして民俗学の研究領域として囲い込み、独占的に「民俗」というラベルを貼っていった。

しかし、民俗学者がその事象から考察の視線を逸らしたとき、そのラベルは剥がさねばならなかった、あるいは、潜在的「民俗」の状態に戻るという認識をもつべきであった。「民俗」とは民俗学者が考案した抽象的な概念であって、民俗学者とその研究対象との関係を物語る指標に過ぎない、つまり関係概念であり主観的な産物である、ということを自覚すべきであったのだ。

ところが、多くの研究者が「民俗」とは客観的に存在するものであるかのように錯覚し、それを固定化・外在化してしまったのである。いったん「民俗」のラベルを貼ったものは、永久に「民俗」であり、それが民俗学の研究対象であると錯覚した。したがって、教科書に記載されたそうした「民俗」の諸項目に相当するものを調べてくるのが「民俗」採集である、ということになっていったのである。多くの民俗学者がそう思ってきた。だからこそ、昨日入学してきた学生に、今日「民俗採集マニュアル」を渡して、明日は「民俗」調査に送り出すことができたのであった。そのなかに、固定化された「民俗」が羅列されていた。「民具」とか「民俗芸能」とか「民俗宗教」といったラベルを貼られた文化事象はまさにその典型であろう。さらにこれを強固なものにしたのが、文化庁の民俗文化財行政であったと思われる。

この固定化には、隣接諸学の影響も大きかった。かつては民俗学の独断場であった地域や研究領域に、やがてその魅力に気づいた他の学問が「侵入」してきた。その結果、学問としての独自性や体裁を整え、その研究領域を確定するためにも、つまり「なわばり」をするためにも、「民俗」の固定化・形式化が求められていった。隣接諸学に対して、このような具体的な事物・事象を研究するのが民俗学なのだ、というわかりやすい形での固定化を図ったのである。たとえば、「憑きもの」を研究するのは民俗学である。「昔話」を研究するのは民俗学である。あるいは「憑きもの」や「昔話」は民俗学の研究領域である、等々。

しかしながら、この固定化は、民俗学の性格を一八〇度回転させてしまったのである。民俗学は方法に規定される学問であったはずなのに、固定化・形式化した対象に規定される学問になってしまったからである。当時、こうした固定化・形式化がもたらす悲劇をどこまで当時の研究者が予想していたのかは定かでない。これをめぐって、民俗学の認識論的諸前提を洗い直すといった作業をした足跡を見出すことができない。桜田勝徳などわずかな研究者がそれとなく気づいていた程度ではなかろうか。

ところが、周知のように、固定化がなされたと思われる一九六〇年代から、すでに四十年もの歳月がながれた現在、若い研究者はもちろんのこと、固定化を図った当事者さえも嘆きの声を挙げざるをえない状況に直面している。いうまでもなく、固定化し研究領域として囲い込んだはずの「民俗」諸事象そのものが変化・衰退そして消滅しているからである。
たとえば、かつてどこにでもあった囲炉裏や土間・水屋、カマド、農具などの日常用具がなくなり、それに代わって全国どこの家庭にでもステンレスの台所、水道、ガス、大量生産された家庭用電気製品や電動機具が浸透している。葬式も結婚式も外部の業者によって営まれ、住民たちはそうした生活を維持するための現金を求めて、生業さえも変えることになった。いや、事態はもっと深刻で、一部の地域を除けば、人口が都市に流失して「民俗」を維持するのも困難なところが多い。そうしたところに「民俗採集マニュアル」をもって出かけ、そのなかに記されている「民俗」を探そうというのは、もはや至難のわざになってきている。まさに、「生きている『民俗』はどこにあるのか、先生教えて下さい」というわけである。

別の問題もある。生きた「民俗」が探せないというだけではなく、古老が若いときは使っていた、しかしもはや日常生活に用いられなくなって蔵にしまってある箱膳は「民俗」なのか。また、民俗博物館や資料館に飾られている農具や祭具は「民俗」なのか。さらにいえば、昔の「民俗誌」にしか記述されていない事柄も「民俗」なのか。そして、国文学者が文学として議論する「昔話」も、音楽学者が研究対象とする「民謡」や人類学者が調査する村落組織も「民俗」なのか、といった問題である。

これに対して、これとはまた違った問題にも悩まされている。若い世代の関心の変化である。全国どこでも有文字化・都市文化化した現在では、従来の（固定化された）「民俗」はもはや探し出すのも困難であり、たとえ探し出したとしても、そこから現代的な課題を引き出すことは容易でない。

そこで、かつて「民俗」を担っていた人たちの子孫が、今日では「庶民」とか「民衆」とか「地域住民」と呼ばれる人びとに相当するので、かれらの生活文化を「民俗」とみなし、これを民俗学の研究対象に据えようとする動きがある。柳田國男の「現代科学としての民俗学」とか「世相解説の学としての民俗学」といった発言や考察を巧みに引用し、ようするに、フィールドに出かけた民俗学者が、そこで民俗学の対象として取り上げたものが「民俗」なのだ、というわけである。たとえば、現代の都市では「水子供養」や「人形供養」といった文化が見られる。これは古典的な意味での「民俗」とは思われてこなかった。しかし、現代の民俗学者のなかには「民俗」と見なそうとする者が出てきている。現代の「ホテル結婚式」や「買売春」、「アニメ」「コミック」「インターネット」「ストリップ」「コンビニ」などといった現代文化を「民俗」と思っている民俗学者はまだ少ない。だが、これらを「民俗」とみなそうとする民俗学者も現れつつあるのである。

しかし、そうした現代文化の諸事象を、「民俗」と簡単に言ってよいものなのだろうか。そこで言われている「民俗学」とは、いかなる目的をもっているのだろうか。従来の「民俗」学とどのように連続し断絶しているのだろうか。そうした問題について真剣に論じなければならない。しかし、それを脇に置いて、なし崩し的にこの種の調査報告が集積されつつある。

重要なことは、「民俗」を客観的なものとして扱うことではなく、従来の消滅しつつある「民俗」を現代の「庶民（民衆）文化」に機械的に置き換えるのでもなく、それを可能にする認識論的諸前提を明らかにしなければならない、ということである。ようするに、民俗学者自身の「頭のなか」に何があるのか、あるいは「民俗学的考察」とか「民俗学的思考」「民俗学の目的」といったものは何なのか、ということなのである。民俗学者が「コミック」を研究対象に選んだからといって、それだけではそれは「民俗」ではない。民俗学の「目的」のための素材としてふさわしいと認定されたから「民俗」となるのである。そのことをしっかりと認識しなければならないのである。そこで再び問わねばならない。「では、民俗学の目的とは何なのだろうか」と。こうして、私たちはまた、民俗学の目的とは何か、という問題に立ち戻ってくることになるわけである。

民俗学の目的は何か――実態に見合う目的の設定

さて、ようやく私たちが問題としてきた、民俗学者の「頭のなか」を議論する段階にまでやってきた。民俗学者の「頭のなか」には、実際に何があるのか、それとも空っぽになってしまっているのか。実態の伴わないお題目だけを唱えているのだろうか。もしそうだとすれば、実態にそくした目的とは何なのだろうか。

この解答は、けっして誰か民俗学界の「偉い人」がしてくれればよいといったものではない。民俗学者の一人ひとりが、自分の民俗学はどのようなことを目的とする民俗学なのか、その民俗学の目的を実現するためにふさわしい研究対象とその素材＝「民俗」は何か、という問題と真剣に格闘しなければならない。実際、現在のように、目的と実態が遊離してしまっているかのような状態においては、目的や方法、概念などが曖昧になっているので、議論するときは、研究者たちそれぞれが自分の用いる「民俗」概念と他の研究者たちが用いる「民俗」概念が同じ概念なのかを疑ってかからなければならない。民俗学の目的が同じである必要はない。多様な民俗学があってよいだろう。だからこそ、一人ひとりが自分自身の民俗学の認識論的前提をしっかり確認しなければならないのだ。実際、柳田國男自身も、その学問の目的を、時代に応じて、また関心の変化に応じて作り直していったのである。

さて、ここで再び福田アジオの議論に立ち戻ろう。彼は、現在の民俗学の営為の実態が、自分たちの掲げている目的とは違うかたちで利用されているのだから、遠大であるけれど空虚な目的などこの際はっきり放棄しようではないか、と言う。そして、新たな目的を柳田國男の民俗学の再検討から構築し直すことを提案している。

福田アジオは、柳田國男の民俗学、私の理解では、前期柳田國男の学問を重視し、その再検討によって構築し直そうとしている。彼の考える民俗学は、前掲の「民俗学の目的」という論文で展開されている。そのなかで、彼は自らの民俗学の目的を熱っぽく次のように説く。

「大上段に振りかざせば、民俗学の目的は『経世済民』にある。すなわち現実の社会で解決を迫られている問題について研究することで、解決に資することである。民俗学は歴史的世界を認識し、それを通じて現在を理解することを第一義の目的とするが、その基礎にはかならず第二の目的としての実践があると言わねばならない。……民俗学の研究も、柳田國男が主張したように、現実問題の解決のために貢献することを目的としなければならない。そして、そのなかでもしばしば重要な意味をもつのが政治や経済である。実際に生じている政治・経済問題に対する自己の問題意識から対象に焦点をあてて、それを解決するための前提としての歴史意識、さらにはその基礎に存在する歴史知識を獲得する研究として民俗学が再生することが、民俗学の初志に戻ることであり、それが現代に要求される民俗学の役割でもある」。

一読してわかるように、ここで主張されている民俗学の目的・使命は、従来の民俗学の教科書のそれとは大きく異なっている。「日本人の心性」とか「エートノス」とか「民族性」といったことの解明は放棄される。むしろ、民俗学者は現代の政治・経済問題について深い問題意識をもち、その研究の目的は「現代社会」における問題の解決のために貢献するようなものでなければならない。いわば、現代の諸問題の解決方法を「立案」する際に、参考にしてもらえるような研究でなければならないわけである。

では、そのような民俗学的なプレゼンテーションとはどのようなものなのだろうか。彼は「それを解決するための前提となる歴史認識」と「その基礎にある歴史知識」を提示することであるという。そして、こうした「歴史知識」の素材となるのが「民俗」と総称されるものである。彼はそれを「上の世代から継承されて今日実際に人々によっておこなわれている行為、保有している知識、判断基準となっている観念などの事象」と説明する。ようするに、「現在」との関係で問題化する「過去」（伝承）が「民俗」なのである。

注目すべきことに、彼は現在の「民俗」事象から「過去」のみを復元しようとする研究や、もはや現代では消滅してしまった「過去」の生活・文化を復元しようといった研究も、民俗学の直接的な関心としては埒外に置いていることである。すなわち、民俗学は「一種の歴史研究」であるが、それは「現在」と連続した「過去」を、しかも、国家とか民族といった枠を与えるのではなく、文化・歴史を共有する地域の側から構築される「歴史」であった。彼の言葉で言えば、「現在学としての伝承資料に重きを置いた歴史研究」ということになる。

とりわけ興味深いのは、これまでの民俗学の目的や研究対象を説明する際にくりかえし現れてきた、「民間伝承」とか「三世代以上の伝承」とか「文字を持たない民衆」あるいは伝承母体としての「ムラ」といった言葉が、ここでは意図的に避けられていることであろう。

これに従えば、「民俗」は現在のなかに発見されねばならず、自分もその一人である日本列島に住む現代の地域住民たちが身につけている「文化」のなかから探し出すべきものである。そしてその選別基準は、上述のような「目的」に奉仕するかどうか、つまり民俗学的な意味での伝承資料（民間伝承）であるかどうか、によって決定されることになる。

ここでとくに留意すべきは、こうした「歴史」は「行為」として確認されるだけではなく、「観念」としても確認される、としている点である。極端な言い方をすれば、そうした観念は現代人が身につけている現代文化のあらゆるところに、たとえば、会社のなかに、学校のなかに、マス・

メディアのなかにさえも忍び込んでいる可能性があるということであろう。

そうしたなかから「民俗」を発見するには、ようするに、彼が抱いている「問題意識」という、いわば色眼鏡をかけなければならない。たとえば、福田アジオがそう考えているかどうかは別にして、理論的にいえば、学校や企業のなかに、あるいは水子供養のなかに、コミックやインターネットのホームページのなかにあるかもしれない。民俗学者がそれに気づいたそのとき、それらは「民俗」ということになる。もっとも、何度もくりかえすが、それらは「問題意識」と切り離して「民俗」たりえないということを自覚すべきであろう。

福田アジオが指摘するように、民俗学では、民俗学とは何かを考えたり、民俗とは何かを考えたりする研究者がきわめて少ない。民俗学には理論民俗学の分野が欠落しているのである。「民俗」という概念は知的に構築されたものである。この点を十分理解しておかなければならないはずなのに、それが苦手のようである。そこで『民間伝承論』や、『郷土生活の研究法』あるいは『日本民俗学入門』など、概説書をはじめとする柳田國男の民俗学関係書を読んでもらうのが一番良いと思って、その引用で済ませ、自分では考えようとしないか、あるいは生半可な理解で発言すれば批判されるかもしれないので、発言しないほうがよいと思っているらしいのだ。

これまで、たくさんの民俗学書を書いてきた宮田登でさえその例に漏れない。民俗学や民俗の説明は柳田などの仕事の紹介に依存し、宮田登自身の考えに従った方法や目的はほとんど述べたことがないのである。したがって、かつて宮田登の『江戸のはやり神』の解説を書くことになったときに、私がもっとも苦労したのは、宮田登という民俗学者はどこにいるのか、ということであった。

ついでに述べると、つい最近刊行された『民俗学がわかる事典』ではこのような説明がなされている。「日本の民俗学というのは柳田國男が中心になって創った学問である。そして、それに共鳴し、また反応した人たちが工夫し、育成してきた学問である。……民俗学の対象は民俗である。では民俗とはなにか。これも、細かくいえば複雑である。……しかしここでは、現在の、現実の民俗学が対象としているものを説明するのが一番であろう。……それは簡単にいえば人々の生活習慣である。……そして、民俗学の研究目的、つまり課題とは、もちろん民俗の分析であるが、それにとどまるものではない。……民俗の分析を通じて知ることができるであろう人間の生命活動への理解である。多くの学問がそうであるように、人間とは何か、である」（新谷尚紀）。これでは民俗学の独自性などもはやどこにも見出すことができない。

そうしたなかでの福田の問題提起はきわめて貴重であり、むしろその積極的な態度を支持したい。その上での話であるが、このように再構成し直された民俗学の「目的」と「民俗」概念が、私にはいまひとつ明確なかたちで理解できないのだ。福田のいう民俗学は現代社会のどのような問題を解明し解決するために、どのような資料を集めろと言うのだろうか。現代の政治や経済に無関心になるな、と言う。だが、いったい政治や経済のどの側面に注意を払いつつ研究をしなければならないのだろうか。あるいはまた、そういう問題を解決するための問題意識とか歴史資料とか歴史意識とは、具体的にどういうことなのだろうか。

もう少し具体的な形での疑問を呈すると、どこに出かければそうした資料は採集しやすく、文化の諸事象のうちのどの事象にそうした目的に沿うような濃厚な情報があるのだろうか。

結局のところ、それは個人の研究能力に任されている、ということになるのだろうが、じつはそのあたりこそ、福田アジオは詳しく論ずべきであったのではなかろうか。

正直いって、福田アジオの「目的」は、たしかに「遠大な目的」ではなくなったが、それ以上に「抽象的で曖昧な目的」になってしまっているように思うのだが、これは誤解だろうか。これを読んで民俗学を志す若い学徒が、民俗学の面白さや魅力に感動し、すぐにでも調査に出かけたくなるとは、とても思えない。むしろ、福田アジオが自己の研究対象を具体的に提示し、それを媒介にして、現代社会の解決すべき問題をくっきりと浮かび上がらせてくれたほうが、どれだけ励みになったことだろう。

現代の日本民俗学の中心にいる福田アジオでさえも、こうした抽象的で、空疎に聞こえるような発言しかできないところに、現在の民俗学の抱えている深刻な問題が露呈しているのではないだろうか。

それにしても、なぜこうも民俗学の目的が抽象的で空虚なものになってしまったのだろうか。福田はその肝心の点については触れていない。そこで、思いつくまま、その理由を私なりにいくつか挙げてみよう。

最大の理由のひとつは、柳田國男のような大きなスケールで民俗学を考える研究者が柳田國男の死後に次々に現れるといったことがなかったことである。少なくとも、自分たち自身の力では自分たちが掲げる遠大な目的に向かって資料を積み上げていくことができなかったことにある。大きな目的に向かうというスローガンだけは継承したものの、それを実現させようと努力する研究者たち、あるいはそれに匹敵する民俗学的パラダイムの変換をおこなうような独創性をもった「巨人」を生み育てられなかったのだ。

いまひとつは、「民間伝承」のみではそうした目的に到達できないということに気づいたのである。かつて周圏論とか重出立証法などといった理論によって、民間伝承資料（民俗資料）のみで民間伝承史を復元できるのではないかと期待したことがあった。しかし、やがて、文字資料や絵画資料、考古学資料、さらには異文化資料などを総合するという忍耐強い学際的研究過程を経なければ、そのような遠大な目的にとうてい接近することができないと悟って、目標に向かう努力をやめてしまったわけである。

いまひとつは、長期間一カ所集中調査による、業績を多産することができる社会人類学的方法や、村落に残る文書を軸に、人類学や民俗学の調査成果を利用しつつ過去の農村生活を復元する社会史的な方法の展開などの影響を受けて、マクロなレベルの研究からミクロなレベルの研究へと関心を方向転換させたことにある。民俗学が遠大な目的に向かって民俗を収集しているときに、社会人類学や社会史は、特定の地域や時代における庶民生活を具体的に描き出して提示した。その魅力に負けたのである。その結果、民俗学の権威が唱えた遠大な目的をお題目として唱えるだけで、いや、そのお題目さえもすっかり忘れて、小さなテーマの論文や調査報告を書き連ねるだけで、自分には民俗学の研究業績がたくさんある、と公言してはばからない民俗学者が増えることになったわけである。

さらにまた、民俗学の目的が日本的ナショナリズムと結びついているといった、近年流行の「オリエンタリズム批判」「ナショナリズム批判」研究の標的になることを恐れて、「日本文化」とか「日本人」とか「日本民族」といった大きな枠組みでの発言を意図的に避けようとする気持も働いているようである。しかし、近代国家日本とは何か、「日本文化」とは何か、日本列島の歴史とはどのような歴史であったのか、ナショナリズムとは何か、といった問題を意識し理解を深めることなしには、ミクロなレベルでの民俗学的研究の目的さえも明確になってこないはずである。なぜなら、民俗学は「近代」と対峙するなかから立ち上がってきた学問だからである。

そのほかにもいろいろな理由はあるだろう。だが、ともかくこうした理由が重なりながら、実態として、教科書に書かれるような「遠大な目的」は省みられなくなり、「民俗」概念は修正を加えれば加えるほど、抽象的で曖昧なものに変わってしまったのであった。

もちろん、「遠大な目標」の放棄がいけないというのではない。重要なことは、放棄することによって必然的に生じてくる事態、すなわち、幻想であれなんであれ、なんとなく目的はあるんだと思っていた民俗学者たちの「頭のなか」から、上述のような目標がなくなったならば、その目標のために発見され集積されてきたはずの「民俗」(資料)が糸の切れた凧のような浮遊状態になり、潜在的な「民俗」へと逆戻りしてしまうということに気づいていなかったことである。はっきりいえば、こうした目的の空洞化の理由こそ、民俗学が克服しなければならない課題なのである。思想的にも理論的にも、こうした問題と格闘していれば、「民俗は政治や経済とは無縁であり、民俗学は非政治性の学問とされる」ことを、少しは防ぐことができたにちがいない。

民俗学の古典化——衰退する民俗学

ところで、こうした状況に関連・呼応すると思われる重要な発言をおこなっているのが、岩田重則である。彼は「日本民俗学の歴史と展開」という論文で、民俗学を「現在の自己及び自民族を起点として、その起点を理解するために、過去に遡及し生活史・社会史を解明する体系民俗学であると同時に、国際比較による比較民俗学でもあり、両者の基礎として具体的フィールドを総体として描く民族誌学をも合わせ持つものとして編成されるべきものであるように思われる」と把握し、その観点から現在の民俗学を厳しく批判する。

それを、私なりの補足を加えながら述べると、次のようになるだろう。「現在の日本民俗学徒にとって重要なことは……日本民俗学が拠って立ってきた基盤として、近代の科学としての、あるいは現代の科学としての性格を確実に理解すること」、すなわち、民俗学とはなにかをはっきり把握し、その強みや弱点を理解し、弱点が発見されればその克服を積極的に図るといった学問的対応が要求される。にもかかわらず、この学問が成立してからおよそ百年、現在の日本民俗学会が発足してからでも五十年もの歳月が経過していながら、日本民俗学の足腰の弱さに対する批判が深刻に受け止められていないのである。理論や方法、概念の曖昧さなどへの批判もさることながら、「民俗学の落日」とか「耐用年数を過ぎた民俗学」などといった過激な批判が加えられていながらも、それに対する反論も、その通りなのでどのようにしたら改善できるのかを考えよう、といった内部からの声もいっこうにあがってこないのである。ひたすら、「形成途上にある新しい学問だから」とか、「民俗学は在野の学問だから」「学会員の数は増えている」といった、かつてならば多少は耳を貸してもらえたかもしれない、古くさい免罪符を取り出して言い訳をするだけである。しかし、もはやそんな時期はとうの昔に過ぎ去っているのだ。真剣にそうした問題に取り組んでこなかったことを深く反省し、その克服・改善にいますぐにでも着手する努力をしなければならない。

岩田は「日本民俗学の認識、方法、体系といった学問全体の枠組の成立と展開」に焦点を合わせながら、まことに要領よく民俗学史をたどり、一九六〇年代に学問として確立・固定化されるに至った民俗学の体系や方法、目的が、それ以降は、混迷と衰退へと向かっていたと把握する。すなわち、彼の挙げる理由は、高度成長期の社会変動への傍観的対応、人文科学全体の流行であった構造主義・記号論の影響を受けた、同時代との緊張感を欠いた象徴論の流行、生産的な議論を生み出し得ないまま泡沫のごとく消えた都市民俗論、固定化した研究領域を曖昧にする方向に作用した学際的研究への参加、などである。民俗学はつねにそれを取り巻く状況の変化に応じて選択を迫られ、そのたびにどちらかといえば悪い方向への選択をしてしまい、その結果が民俗学の原点ともいえる「生活の生々しさ、荒々しさの表現を失っていった」のであった。

このように総括したうえで、岩田はこれからの民俗学はどうあるべきかを、次のような四点に集約して提言する。第一に、安易に過去の復元を目的とした研究に向かわず、現代のフィールドが置かれた状況を出発点とする「民俗誌学」の分野の確立。第二に、民俗誌にかかわる厳密な資料論の確立。第三に、目的を棚上げにして、方法や研究領域の拡張やその是非を問うのではなく、研究目的に応じた研究領域や方法、資料などを選択していけるような、民俗学の目的と枠組を明示する体系民俗学つまり理論民俗学の整備。そして、第四に、「日本」を理解するために、少なくとも東アジア的規模で民俗を位置づける比較民俗学的作業の必要性。

いずれも納得できる提言であり、いずれもこれまでの民俗学の研究集積の総体からいえば、もちろんそうした研究がまったくなされていないというわけではないが、欠落していたことである。つまり、こうしたことを真剣に議論し実践し問題の克服をしてこなかったがために、民俗学が急速に落日を迎えることになったわけである。

もっとも、私が一番恐れるのは、民俗学内部や隣接諸学からこうしたありがたい好意に満ちた民俗学批判と提言、言い換えれば「理論民俗学」とか「体系民俗学」と呼びうるような分野の整備の要請があるにもかかわらず、現在の民俗学もしくは民俗学会の中心を担っている民俗学者たちが、それを真剣に受け止め真正面から取り組むことをせず、「見ザル、言わザル、聞かザル」を決め込んで受け流してしまうのではないか、ということである。というのも、岩田が描いた戦後の民俗学史素描の背後に、じつはそのような態度でその場その場を逃れてきた民俗学者たちの足跡が透けて見えるからである。

その意味でも、民俗学者たちはいまこそ、自分自身の民俗学をどのように考え、その目的や方法、素材、そして自分の研究は民俗学全体のなかでどこに位置するのかを述べなければならないのである。

一例を挙げておこう。民俗学の目的を述べた、福田アジオの熱いけれどもひどく抽象的な言説に比べたとき、外部から志をもって民俗学の領域に入ってきた赤坂憲雄の言説は、まことに明快である。近著『山野河海まんだら』で、彼は「いま、この時代に民俗誌は可能か。そんな問いが、たしかに旅の起点にあった。それはだから、避けがたく山形から、そして、東北から民俗誌を織るための試みとならざるをえない必然をはらんでいた。その旅のなかで、私は民俗学者として立ってゆく覚悟を固めた。落日の民俗学とともに生きることを、みずから選び取ったのである」と自らの民俗学宣言をおこない、それに沿って展開している「民俗学」の概要を、文学的な言葉づかいで、次のように簡潔に言い表している。彼の「問題意識」の根底にあるのは、柳田國男の民俗学が描き出した、稲作・常民・祖先崇拝といった「ひとつの日本」というイメージが覆い隠す、多様な日本の発掘である。

「稲作の絶対的な優位は、稲作の以前や外部をひたすら知の周縁へと追いやってきた。民俗誌はつねに、生業の中心に稲作を置き、年中行事や祭りなどの記述もまた稲作の影に覆われている。だから、山村や漁村の複合的な暮らしのありようはそのまま反映されない、イネを頂点として、それ以外のヒエ・ソバなどの雑穀をヒエラルキーの下方に位置付ける民俗誌が、地域ごとの食文化の多様性にたいする認識を遮断してきた、そういう側面にも眼を凝らす必要がある。……柳田の言説のかけらを範型とすることをやめるとき、田の神とは無縁に、山の神を氏神として祀るブナの森のかたわらの村々が浮上してくる。列島の山の神信仰が、驚くほどに多様な貌を帯びて、そこかしこに転がっているのに気付かされる」。

このような問題意識やその作業が、学説史的にどれほど新しいかどうかといったことは、ここでは問わない。ここで強調したいのは、たったこれだけの文章のなかに、赤坂憲雄という一人の民俗学者が為そうとしている民俗学の目的と、それに導かれて顕在化してくるであろう「民俗」が鮮やかに浮かび上がっている、ということである。

民俗学は神を解明する学問である

さて、ようやく私の民俗学観および民俗観を述べるところまでやってきた。すでにこれまでの議論でそれとなく述べてきたのでくりかえしになるが、ここはやはり、私の言葉できちんと述べておかねばならないであろう。

私は「民俗」というものを、「民俗学者」が「民俗」と考える文化事象に貼られたラベルのようなものだと考えてきた。これは、民俗学の古典的な定義である「文字をもたない人々（庶民）の、前近代的な、少なくとも三世代以上伝承されてきた生活習慣である」といった従来の民俗学が、民俗を、あたかも客観的・固定的な対象として理解する古典的な定義とは異なっている。「民俗」は主観的な対象なのである。もちろん、古典的定義に対応するような客観的な存在としての「民俗」（資料）を無視しているわけではない。そうではなく、違った角度から「民俗」を把握し直しているだけである。

すなわち、私が自分の「問題意識」から「民俗」というラベルを貼った事象が、そうした古典的定義を充足させるような対象と重なることがあるし、そうではないこともあるのだ。もちろん、従来の民間伝承資料は、有力な「民俗」資料である。そこは私の民俗学の素材がたくさん眠っている宝庫だといっていいだろう。しかし、それだけが「民俗」資料ではない。場合によっては、私は国文学資料と呼ばれている事象にも「民俗」資料というラベルを貼ることがあり、歴史資料とされる文書や絵画にも、社会学が主として扱っているような資料にも「民俗」というラベルを貼ることがある。要は、「問題意識」が、広く文化事象や文化的存在のなかから「民俗」を発見してくるのである。民俗学の固有の領域と思われていた民間伝承の領域に、いつしか歴史学や国文学、社会学、芸術学、音楽学、宗教学といった学問が踏み込んできたのも、同様な観点からであった。

さて、民俗学の対象は「民俗」であり、それは民俗学の主観的産物であり、その選定は「問題意識」と深くかかわっている、と述べてきた。しかし、肝心の私自身の「問題意識」をまだ明確にはしてこなかった。そこで、以下で、このことを述べることにしたい。

私が選び取った民俗学は、おおざっぱな言い方をすれば、日本の「神」の解明を目的とする学問としてのそれであった。どのようなもののなかに「民俗」を見出し「民俗」というラベルを貼るのか、と問われれば、まず神の解明にかかわる文化事象に「民俗」というラベルを貼る、と答えるであろう。私にとっては、日本人の「神」観念の解明に資するものが「民俗」なのである。

この主張は目新しいものではない。民俗学の研究の流れからいって、むしろきわめてオーソドックスなものである。たとえば、私の前に現れた民俗学者たち、柳田國男や折口信夫、そして筑土鈴寛などは、この目的に向かって研究する先覚者たちであった。よく知られるように、かつて折口信夫は柳田國男の学問を「神」を目的としていると評した。「日本の神の研究は、先生の学問に著手された最初の目的であり、其が又、今日において最も明らかな対象として浮き上がってみえるのです」(「先生の学問」)。私もまた、多くの民俗学者と同様、この一文に物語られる民俗学の目的に共感し、民俗学へと踏み込んでいったのである。実際、先学の民俗学的研究業績の多くはいわゆる「民間信仰」(民俗宗教)といったラベルが貼られた文化事象を扱ったものである。私の仕事は、その膨大な業績群の片隅にわずかに席を占める程度のものであろう。しかし、私はそのテーマを自分の学問の中核に据え、この列島の文化の歴史を描き直してみたいと思ったのである。

もちろん、民俗学の目的がひとつである必要はない。むしろ異なった目的があるべきだろう。私自身の内部にさえも複数の目的が混在している。しかしながら、これまでの仕事を振り返ったとき、まぎれもなく私の仕事は神の解明という一本の糸によってゆるやかに繋ぎ留められている。ここ十年ほど力を入れてきた妖怪研究も、そうした目的に向かった研究の一部を成すものなのである。

多くの民俗学者たちは、柳田や折口に従って、民間信仰の研究に取り組んだ。しかしながら、柳田や折口がカリスマ化するに及んで、神の解明という点で共通の認識があるとしても、問題の多い研究論文も多数生み出された。

こうした問題について、上野誠は民俗学の歴史を振り返り、「たいへんな乱暴な言い方になってしまうが、日本の民俗学が大正の初年から営々とおこなってきた事業（未完の事業）とは、生活の中に神を見いだそう――という事業ではなかったかと、現在筆者は考えている」と述べたあと、民俗芸能を例にしながら、つぎのような重要な指摘と批判をおこなっている。

「けれど、ほんとうに『生活』に神は宿っていた、またはいるのだろうか。『生活』の中に、芸能の問題としていえば『芸能』の中に〈神〉を必死になって見出そうとしたのは、急速な近代化の中で『神は死んだ』『神を失った』という発言に代表されるような脅迫観念があったからではなかったか。……そのような中で、民俗学者たちは、日本国中を歩きまわり『神』『美しいもの』を見出そうとしたのである。そういう意味では、日本民俗学は〈神〉を回復あるいは発掘しようとする国民運動であった」（「〈神〉という自動説明ボタンを封印せよ」）。そして、折口信夫が創り出したマレビト概念に触れながら、「〈神〉とはフィールドで観察することができた〈現象〉を説明する説明装置であると極言することができる」と考察し、次のような提言をする。「一つは〈神〉という説明装置が果たして有効に利用されているか。もう一つは、もうそろそろ自前の説明装置を作る努力をしたほうが良いのではないか」。そこで、「〈神〉という自動説明ボタンを封印せよ」というわけである。

ここで上野が述べていることは、おおむね正しいと思う。しかしながら、議論すべき問題がすり替えられていることに注意しなければならない。すなわち、民俗学が神の「解明」にあったという問題と、民俗学は神を「発見」ないし「回復」しようとすることにあったという問題、そして民俗学は「民俗」事象を――たとえば「民俗芸能」を――神という説明装置で説明してきたという問題とは、たしかに相互に関連はしているが、別々に議論しなければならない、レベルの異なった問題なのである。

柳田國男の先祖＝祖霊論や折口信夫のマレビト論などは、日本の神の解明を目指した研究であった。なお〈未完の事業〉にとどまっているにせよ、多くの後継者たちが日本人の生活のなかに生きるカミやホトケの信仰の実態と歴史を解明しようと努力し、膨大な業績が生み出され、いまも生み出され続けているわけである。これについては、たとえば、『講座日本の民俗宗教』や『神と霊魂の民俗』(「講座日本の民俗学」7)などを紐解けば、容易に理解できるはずである。

柳田國男たちは「常民」を理解するためには、彼らの神観念・信仰生活を理解するのが肝要であり、その歴史を知るためにも、「現在の生活」のなかに「信仰の名残」を探し出さねばならないと説いた。したがって、彼らにとってはこうした「信仰の名残」が認められるものが「民俗」というラベルを貼れる文化事象であって、そうではないものは「民俗」ではないか、せいぜい「民俗」の周辺部に位置づけられるものでしかなかった。すなわち、彼らが常民の伝承する芸能に興味を示すとすれば、それはそこに「信仰の名残」があるからに他ならない。おおまかな言い方ではあるが、その他の文化事象、「昔話」も「伝説」「女性」「イエ」等々も同様の扱いであった。

柳田民俗学では、この神観念を稲作との関係から析出しようとしたが、折口信夫の民俗学では、これとは異なり、遊行する祝福芸能者との関係から析出し、坪井洋文や赤坂憲雄などの民俗学では非稲作文化から析出・再考察をおこなおうとしているのである。

もっとも、この探求は度が過ぎて「信仰の名残」がないものにも「名残」を幻想してしまうということが多かったことも認めなければならない。過去の姿（これも幻想された過去という場合が多い）を現在のなかに投影し、しかもそれを実体化してしまうわけである。

たしかに、驚くべきことに、多くの民俗学者たちは、目の前にある文化事象のなかにその古い信仰の残存を見出し、いやむしろ想定し、そのことを述べることで、あたかも現前の現象を説明したかのように主張してきた。たとえば、神が降りてくるという説明を伝承者たちから得られないのに、祭礼や神事芸の御幣や採り物あるいはそれに類するものを見れば、自動装置が働いたかのように「それは神の依り代の名残である」と解釈するとか、子供が「かごめかごめ」をして遊んでいると、それはかつての神降ろしの儀礼の残存であるとか、運動会の綱引きはかつて吉凶を占う神事の残存であるとか、プロ野球の優勝チームの監督が胴上げされるのを見て、それはかつてお祓いであった、といった説明の仕方をする。しかし、これでは関連するかもしれない事項を並置しているだけにすぎない。「かごめかごめ」の遊びは神降ろしではないし、運動会の綱引きは占いではない。また監督の胴上げはお祓いではない。つまり、そうした残存の想定では、現在の文化事象を説明したことにはならないのである。こうしたことは常識でもわかるはずであるが、多くの民俗学たちにはそのことがわからなくなっているらしい。

しかしながら、そうした、パターン化した利用がはびこってきたことを認めたうえでのことであるが、神の解明を目指す民俗学にとって、「民俗」芸能とか「民俗」宗教とかいったラベルを貼った事象は、極論すれば、そこに「信仰」なり「信仰の名残」がある芸能や宗教であることを意味している。私の「民俗」概念も、基本は同じなのだが、生業との関連のなかで把握するだけではなく、出来事と物語の関連のなかで考えようとしてきた。しかも、そうした「民俗」は民間伝承のなかに豊富に存在してはいるものの、御伽草子などのようなそれ以外の資料のなかにも存在しているのである。

そこで、もし柳田や折口的な意味での「民俗」＝「信仰の残存を保持する文化事象」という概念から離脱しようとするならば、「民俗」という用語を放棄して、自分たちの設定した目的に見合う用語を作り出し、その研究に利用できる文化事象にそうした用語を張り付けていくべきであろう。たとえば、鶴見俊輔が、柳田國男が「民俗」資料とした「民謡」に対して「限界芸術」というラベルを貼ったことは大いに参考になるだろう。柳田の「民俗」概念には「信仰」という要素がぴったり貼りついていた。鶴見は同じ素材にそれとは異なる「快楽」という重要な要素を見出したので、意図的に「民俗」という用語を避け、「限界」という概念を創出したのである。

また、もし同じ「民俗」という用語を用いたいならば、「民俗」概念から「信仰」を追放しなければならない。すなわち、「民俗」＝「信仰の残存を保持する文化事象」といった概念とは違った、自分たちの民俗学の目的に応じて、「民俗とはこれこれしかじかという文化要素を保持するもの」と再設定しなければならないわけである。それが成功すれば、柳田的な意味での「民俗」概念によればとか、某氏によって再構築された新しい「民俗」概念によれば、といった記述をすることになるのであろう。福田アジオが考えているのは、こうした方向での転換であろう。彼の業績から推測すると、「民俗」とは「ムラの残存（伝承）を保持する文化諸要素」ということになるのではなかろうか。だが、残念ながら、彼は、神・信仰の解明に資するのが「民俗」だから、「信仰の名残」を留めている資料を採集しようというような、歯切れのよい明快なキャッチフレーズに似た、新たな「民俗」概念を提示しているわけではない。

福田アジオが民俗学の独自性として主張しようとしてうまく表現しえなかった事柄とは、おそらく、民俗学の使命は、現代の民俗学では「現代の日本」と「近代の日本」の、柳田國男の時代の場合では「近代の日本」と「前近代の日本」の、断絶と連続を描き出すことにある、ということであろう。いま少し詳しく述べると、現在の民衆文化とひと昔前のそれとを比較しつつ、断絶を意識しつつ連続性（不変性）を描き出すということである。柳田國男の場合は「民俗」つまりは「民間信仰」を通じて近代と前近代を描き出そうとしたわけであるが、「現代」における民俗学は、現在の民衆文化とひと昔前の民衆文化の連続性を、主として「伝承」資料を用いていかに描き出せるか、にも取り組まねばならない、ということではなかっただろうか。

以下に引用する関一敏の指摘は、そのことをよく物語っている。「伝統とは、近代に取り残されるべき過去の知識の総体をいうのではない。それは近代の自己形成とともに構成され、それなくしては近代が輪郭をたもつことができない額縁のようなものである。民俗学の成立が、民俗の衰退期にしかありえようがないことには理由がある。そこには、民俗学が伝統(前代生活)への名づけの視線によって、はじめて近代のほうへと自分を成立させていく認識のパラドックスが働いている。……さきに古典的民俗学とよんだものは、この自己認識を怠ったときに形式化としてあらわれてくる民俗学の一形態である」(「ことばの民俗学は可能か」)。

ここでは、この問題に深入りしないが、現代民俗学が抱えなければならない問題が暗に指摘されている。近代と前近代という従来の問題の枠組み以上に、現代と前現代(近代)の相互関係が緊急の課題になっているのである。

おわりに

民俗学の危機が叫ばれている。民俗というものが見えなくなっている。民俗学とは何を目的とする学問かがわからなくなってきている。民俗学は落日のなかにあると評する人もいる。たしかに、ここでの議論の流れもそうしたことを浮かび上がらせるような内容になっている。民俗学を取り囲む状況がそうした状況を作り出していることは否定できない。だが、それ以上に深刻なのは、福田アジオや岩田重則、さらには関一敏といった研究者たちが声を揃えて指摘するように、民俗学者たちの知的怠慢がそれを招いたということであろう。この背景には、大学・学会における学問の再生産システムの問題も潜んでいる。民俗学の危機とは、そういうことを含んだ危機ということであるが、しかし、もし民俗学者たちの知的怠慢が民俗学の落日を招いたのならば、この知的怠慢を反省し、その克服を図ることで、民俗学を更新することができるのかもしれない。そういう淡い期待を私は抱く。

そのためには、民俗学会を柳田國男のファンクラブであるかのように思ったり、著書や論文の冒頭に、柳田國男の文章や柳田國男論を無批判に引用することを止めなければならない。また、柳田國男の学問の諸前提を明らかにするだけでもすまされない。そうしたことは、すでにたくさんの思想史や民俗学史の研究者が明らかにしてきているからである。むしろ、現代に生きる民俗学者たちに問われているのは、自分たち一人ひとりが、自分自身の民俗学的方法や認識の諸前提を掘り起こし鍛え上げることである。どこから自分の民俗学を立ち上げているのかを明らかにしなければならないのだ。なにもテーマや方法や概念が同じである必要はない。さまざまな民俗学があってしかるべきである。だが、一人ひとりが、自分の立場を表明し自分が用いる概念規定をしっかりと記述してくれなければ、知的交流どころか、その逆の孤立化を招くばかりである。

しかし、その認識論的前提の奥底に、おそらくこれまでの「民俗」観＝「信仰の残存を保持する文化事象」という認識のさらにその奥底に、共通する何かを見出さねばならない。民俗学的認識を問い続け、それをどう内面化するか、あるいは修正していくかを議論しなければならないのである。それは、思うに、民俗学が抱え込んだ「伝統」、つまり「現在」と「その前代」との複雑な関係の考察によってもたらされるであろう。

ここでは、十分とはいえないが、私は、私自身が考える「民俗学」と「民俗」を、先学の研究に学びつつ、不十分を覚悟の上で簡単に述べてみたにすぎない。しかし、それに従って、私は私なりに研究を進めているのであり、そのための素材＝「民俗」を探し求めているのである。「民俗」はどこにあるのだろうか。それは私たちの身の回りの至るところにある。しかし、それを発見するには、民俗学者の頭のなかに、それがあらかじめしっかりと構築されていなければならないのである。

参考文献

赤坂憲雄『山野河海まんだら』一九九九年、筑摩書房。
池田弥三郎「芸能概論の試みとして」『芸能と民俗学』一九七二年、岩崎美術社。
岩田重則「日本民俗学の歴史と展開」『民俗学の方法』（福田アジオ他編「講座日本の民俗学」1）一九九八年、

雄山閣出版。

上野誠「〈神〉という自動説明ボタンを封印せよ」『正しい民俗芸能研究』第〇号、一九九一年、民俗芸能研究の会／第一民俗芸能学会。

大月隆寛『民俗学という不幸』一九九二年、青弓社。

勝田至「民俗学と歴史学」『民俗学の方法』(福田アジオ他編『講座日本の民俗学』1)一九九八年、雄山閣出版。

小松和彦『江戸のはやり神』解説、一九九三年、筑摩書房。

――『憑霊信仰論』一九九四年、講談社。

――「芸術と娯楽の民俗」『芸術と娯楽の民俗』(小松和彦他編『講座日本の民俗学』8)一九九九年、雄山閣出版。

――『神々の精神史』一九九七年、講談社。

桜井徳太郎「日本史研究との関連」『日本民俗学』第四巻二号、一九五七年。

新谷尚紀「民俗学とは何か、また民族学との関係はどうなっているのか」新谷尚紀編著『民俗学がわかる事典』一九九九年、日本実業出版社。

鈴木正崇「日本民俗学の現状と課題」『民俗学の方法』(福田アジオ他編『講座日本の民俗学』1)一九九八年、雄山閣出版。

関一敏「ことばの民俗学は可能か」関一敏編『民俗のことば』(『現代民俗学の視点』第2巻)一九九九年、朝倉書店。

谷口貢「民俗とは」『現代民俗学入門』一九九六年、吉川弘文館。

鶴見俊輔「芸術の発展」『鶴見俊輔著作集』第四巻、一九七五年、筑摩書房。

福田アジオ『日本民俗学方法序説』一九八四年、弘文堂。

――「民俗学の目的」『民俗学の方法』(福田アジオ他編『講座日本の民俗学』1)一九九八年、雄山閣出版。

宮田　登『日本の民俗学』一九七八年、講談社。

――『民俗文化史』一九九九年、放送大学教育振興会。

山折哲雄「落日の中の日本民俗学」『フォークロア』第七号、一九九五年。

和歌森太郎『日本民俗学』一九五三年、弘文堂。

「たましい」という名の記憶装置

1　慰霊という現代の「民俗」をめぐって

これまで、私は共同体の外部の表象となっている「妖怪」や「異人」などを具体的な素材にしながら、日本人の「神」観念の解明をおこなってきた。ここでは、その延長上に現れてきた現代日本人の「神」や「たましい」と「記憶」の重複関係について議論してみたい。

私が設定した仮説は「死者のたましい」とは「死者についての記憶」の置き換え可能なものではないか、つまり、「死者についての記憶」の限界が「死者のたましい」の限界ではないか、というものである。

こうしたことに思い至ったのは、日本各地のみならずかつての植民地にさえも建っている、おびただしい数の慰霊碑の存在がとても気になったからである。とくに阪神・淡路大地震のあと、その犠牲者を慰霊するためのたくさんの慰霊碑や祈念碑が被災地に建てられたことがきっかけになって、慰霊碑とかその前でおこなわれる慰霊祭が意味するものを考え始めた。たとえば、原爆の慰霊碑とその慰霊祭。戦没者追悼式・慰霊祭。日航機御巣鷹山墜落現場に建つ慰霊碑と慰霊祭。そしてオウム真理教の犠牲になった人たちの慰霊碑と慰霊祭。これらのなかには、原爆慰霊祭や阪神・淡路大震災の慰霊祭などのように、いまや国民的年中行事の一つになっているものもあるといってよいだろう。

「後ろめたさ」と「慰霊」

こうした慰霊碑建設や慰霊行為は私たちの日常生活の一こまになっていて、多くの人びとはそれを異様なこととは思わない。むしろ至極当然の好ましい行為と受け取っている。それは私たちの生活のなかにしっかり定着しているものなのである。したがって、これに異議を唱えたならば、「日本人」にあるまじきことだ、と総スカンをくうことになりかねない。

慰霊の対象になっているのは、非業の死を遂げた人たちである。その人たちへの「ある種の思い」が「霊を慰める」という行為に駆り立てる。この「ある種の思い」とは「後ろめたさ」といってもいいだろう。この語は『大言海』によれば、「うしろべたし」(後方痛し)の転じたもので、「背後に気配を感じること」であるという。

何を感じるというのだろうか。ここではいうまでもなく、亡くなった人の気配あるいは眼差しである。本来ならばもっと長生きして楽しい人生を全うしたはずなのに、災害や事故でそれが奪われてしまった、きっと死んだ人の「霊」つまり「死者のたましい」はさぞ悔しかろうという思いが、亡くなった人の「たましい」の気配や視線を背後に招き寄せるわけである。残された人たちが、亡くなった人の悔しさや恨めしさを想像し、慰霊という行為へと誘っていくわけである。「慰霊」という言葉自体がいつ頃に作られ流通するようになったかは詳しく調べてみないとわからないが、近代以前にまで遡ることはできない。この言葉が広く流通し出すのは、むしろ戦後であって、戦没者追悼式とか原爆慰霊祭といった戦争による犠牲者たちに関連して用いられ出した。たとえば、その一例として、昭和五年に関東大震災からの復興を祝う祭典がおこなわれた際に建てられた「震災記念堂」が、戦後、東京空襲によって亡くなった人びとの霊を合祀して「慰霊堂」と改称したことを挙げることができる。その意味では、「英霊」とか「忠魂碑」といったものとの関係も、その前史を考えるときには問題としなければならないし、慰霊と追悼の違いや、慰霊に託されている意味の変容プロセスなどを丹念に調べる必要がある。

しかしながら、現代における慰霊祭は、そうした国家が政治的に利用する目的でおこなう慰霊行為にとどまらず、もっと幅広い意味で用いられているように思われる。言いかえれば、国民の誰もが納得する「民間信仰」的なレベルにまで浸透した観念・行為になっているのである。いうまでもなく、その背後に「怨霊」「御霊」信仰の影響があることを指摘できる。しかしながら、慰霊される「霊」はそうした荒々しい「霊」とは一線を画している。

非業の死を遂げた人たちを慰めるための行為が「慰霊祭」であり、その思いを記念する碑が「慰霊碑」である。これを実践している人たちの説明はこの程度でいいかもしれない。しかしながら、こうした慰霊行為には、それ以上のことが物語られている。非業の死を遂げた人びとのことを、記憶し続けようという「思い」である。この「思い」を集合・具体化したのが、慰霊碑であり慰霊祭である。そのために「霊」つまり「死者のたましい」というものをひっぱり出してきたのである。残された遺族たちは、死者の霊を慰めるという行為を重ねることで、少しでも「うしろめたさ」から解放されると思っているのである。「霊」＝「たましい」という概念はそれを表現する際のとても有効な概念なのである。「死者のたましい」が実在するかどうかは、ここでは問題ではない。その「たましい」が慰霊祭のときに、あの世からやってくるとか、その場にとどまっているとかいったことも考察しなければならないが、ここでは別のレベルに属している。

「たましい」の記憶装置と忘却装置

慰霊とは、このように、「死者のたましい」を慰める行為であるが、それは同時に「死者についての記憶」を風化させないようにするための方法でもある。したがって、「死者についての記憶」がある限り、「死者のたましい」は存続するであろう。しかし、「死者についての記憶」が薄れていけば「死者のたましい」も消滅していく。つまり、「記憶」の限界が、「たましい」の限界でもあるわけである。言い換えれば、記憶し続けることが、霊を慰め喜ばすことだといえるだろう。そしてこの行為が続く限り、被災や事故や事件が記憶されるわけである。

私が強調したいのは、時間の経過とともに風化していく記憶を、風化と戦って保存しようという思いが、「たましい」という「記憶装置」を生み出したのだ、ということである。

こうしたことは、通常の人びとの死についても見出せることである。ある家族のメンバーが亡くなったとき、そのメンバーの「たましい」がどこかで生き続けているという民間信仰がある。そしてその「たましい」は「先祖」と呼ばれたりもする。関係者や子孫は彼を記憶し続けようとする。しかし時間が経つにつれて、その記憶は次第に薄れていく。その記憶を呼び覚ますためにおこなうのが、一年とか三年とかにおこなわれる「回忌」（年忌）である。つまり、回忌という儀礼は、故人を記憶し続けようとする装置、「たましい」という概念を用いることで可能になった記憶装置なのである。

生前の故人を知っている人たちが多ければ多いほど、その故人についての記憶が鮮やかによみがえり、それにともなって「死者のたましい」も活性化する。しかし、やがて時が流れて死者のことをまったく知らない人たちばかりになっていって、ついに記憶がなにもない名前のみの存在となり、もはや「死者についての記憶」が誰のなかにも残っていなくなったそのとき、「死者のたましい」は消滅する。これを柳田國男は、「消滅」ではなく、その後は「先祖代々」という集合的な「たましい（祖霊）」になるのだと説明している。いずれにしても、「記憶」の限界が「たましい」の限界を意味しているわけである。普通の人ならば、長くても五十回忌が限界であろう。もっとも、この記憶装置はパラドキシカルな属性ももっている。記憶し続けるはずの行為であったものが、慰霊行為を重ねるにつれて「たましい」に対する「負い目」「後ろめたさ」から解放されていくからである。その面に着目すれば、それは「忘却装置」ということになるわけである。

ところで、政治的権力者や宗教家の「たましい」も同様の回忌儀礼を受けるわけであるが、その子孫や関係者たちは、祖先の広い意味での「財産」を継承しその恩恵をこうむっているので、五十年程度で忘却されるという通常の限界を越えて、彼らを記憶し続けようとする。命日や誕生日などにこと寄せた毎年の儀礼とともに、百年とか二百年とかいった区切り目には、前代から伝承されてきた故人の記憶――もちろん、その記憶は変形・誇張されているのがほとんどであるが――を大々的に呼び覚ます儀礼をおこなうわけである。こうした「死者についての記憶」を保存し続けようと努力する人たちがいる限り、彼らの「たましい」も存続し続けるといってよいだろう。

慰霊祭や慰霊碑が記憶装置だとすれば、後世にまで自分あるいは他人についての記憶を伝えたい人は、できるだけ恒久的な装置を建設したり創出したくなってくる。普通の人の場合、墓である。石による墓が普及したとき、その表面に墓誌が刻まれたのは、後世までその故人の事績を伝えようとしたからである。

この墓が巨大施設化したのが、人を神に祀る神社や霊廟である。有力者たちの子孫や関係者たちは、その「たましい」を祀る宗教施設を建立することで、その人物の記憶の保存を図った。それが、その名前と事績を後世に長く伝えるための最良の方法であると思っていたのだ。たとえば、豊臣秀吉は豊国神社を創って祀られ、徳川家康は東照宮を創って祀られた。権力者とその後継者たちは、その権力を維持するために、そしてその事業を後世に伝えるために、カミやホトケ、つまり「たましい」を保存することによって、時間を越えようとしたわけである。神社や霊廟は彼らの記憶の媒体=記憶装置であったのだ。

カミやホトケになったのは、この世に恨みを残すことなく亡くなった権力者ばかりではなかった。非業の死を遂げた政治的敗者たちもまた、神社や霊廟を建立して祀られた。というのは、そうした人びとの「たましい」は怨霊となって人びとを脅かしたからである。その被害を恐れてカミやホトケとして祀ったわけであるが、その結果、この神社や霊廟を媒体として記憶され続けることになった。記憶し続けることが、つまり祭神が生前に体験したさまざまなことどもを記憶することが、その「たましい」を鎮めることなのである。

この記憶装置は、神社や霊廟、塚、墓、碑といった大小さまざまな宗教施設をもち、記憶の保存とその強化・更新のための「神話」と、「儀礼」=半恒久的施設、その具体的な媒体として、「縁起」とか「祭礼」といった記憶を維持するための具体的な装置、すなわちここでの場合は「慰霊碑」の前でおこなわれる「慰霊祭」と、それを通じて想起させる「慰められる霊たちの物語」を、ともなっていることを忘れるわけにはいかないであろう。

「神」の記憶装置としてのいざなぎ流祭儀

私が高知県や長野県の山村調査に入ったときに気がついたのも、そうした「たましい」の機能であった。文字記録がほとんどないムラの〈歴史〉を、人びとの記憶を頼りに探っていったとき、それはカミやホトケ、つまり「たましい」を介在させた「物語」として記憶され想起されるのであった。

多くの人びとは死後、自分がこの時代に生きたことを後世に伝えたいと思う。しかし、それは後代の人びとにも記憶するに値するものとして評価されなければならない。それがなくなれば、記憶の媒体である「建造物」や「神話」や「儀礼」は廃棄される。それによって、記憶が途切れてしまうことになる。記憶の切れ目が縁の切れ目というわけである。

高知県物部《ものべ》村に伝わる民間信仰「いざなぎ流」を調査していて印象的だったのは、なぜ「祭文」を語るのか、という質問に対して、神を喜ばせる最良の方法は、われわれ氏子が神のことを忘れていないことを神に告げることであって、そのために神の由緒を語る祭文を読み聞かせるのだ、という説明であった。じつに単純で分かりやすい説明であるが、これまでの議論に照らしたとき、「たましい」という「記憶装置」の本質をじつによく物語っている。

物部村では、神を祀る祭り手を失っていることを「溺れる」という。「溺れた神」は人びとに崇りをなす。その結果、しばしば、「太夫」(宗教者)によって「溺れ神」が拾われて祀られるのである。しかし、私たちから見れば、その神が歴史学的な意味でほんとうに、かつて誰かに祀られていたということが確認できることは少ない。すなわち、その神が「溺れ神」であったということは、そのような占いの結果を出す「いざなぎ流」の宗教者たちの言説のなかでのことでしかないのである。つまり、「溺れ神」の「たましい」は、拾われる以前には存在しなかったのである。拾われた時に「たましい」＝「記憶」が誕生（再生）したのである。

「たましい」あるいは「カミ」とか「ホトケ」といった「民俗」概念は、「記憶」という概念と代替可能のものではないのか。ここしばらく、こんな問題を考え続けてみようと思っている。そもそも「民間伝承」とは総じて「記憶装置」といっていいものだからである。

慰霊碑と慰霊祭は、戦後になって急増する。そして近年、その傾向はさらに目立ってきているように思う。この文化現象の向う側に、たしかに近代国民国家形成期における「招魂」や「英霊」にかかわる碑や祭りがある。しかし、その一方では私たち現代人の眼前の問題としても立ち現れているのである。私は、その連続性と断絶性のなかに、前近代から近代へ、そして戦後へと至る日本人の生活を、民俗学的に描けるのではないかと予想している。

2　人物神社から人物記念館へ

墓と墓誌

東京の郊外の、とある霊園を訪れる機会があった。その霊園には有名な方の墓が多いというのだが、立ち並ぶ墓石に刻まれた名前のほとんどが私の知らない人たちであった。それらの墓はまことにさまざまであって、大きな墓はきっと生前お金持ちだったのだろう。しかし、その種の墓でもなかには雑草が生い茂っていて、もう久しく訪れる人がないことがうかがわれるものもあった。これとは対照的に、それほど大きいわけではないが、定期的に誰かが手入れをしていることがはっきりわかるこぎれいな墓もあった。

また、「墓誌」が付されているものもあり、埋葬者の生前の「足跡」と「業績」が刻み込まれ、さらに「写真」まで貼り込んでいるものまであった。墓誌の記事は本人が生前にそう書かれることを望んでいた場合もあるだろうし、遺族・友人が書いたものかもしれない。その事情はもはや墓誌からはうかがうことはできないが、まったく縁もゆかりもない私にも、墓の主の人生やその業績を後世にまで伝えたいという思いが伝わってきて、不思議な気分に襲われたのであった。

人は誰でも、この世に生まれ、それなりの人生を過ごし、やがて老いて死んでいく。一般的にいって、たとえ死に逝く者が、自分がこの世に存在したことを死後何十年も何百年もの後世の人に知ってもらいたいと思っても、残された親族や友人が次第にこの世を去っていくうちに、彼が存在したという記憶を持つ者がいなくなり、やがて忘れ去られていく。墓誌の製作とは、おそらく、こうした時の流れによる忘却に対する死者や遺族たちの抵抗であり挑戦であるといえるだろう。

関係者の記憶の限界を越えて、記憶されたい。未来の人にその人生と業績を伝えたい。その墓誌の素材である石が崩壊・消滅するまで、いや、できればさらにそれが誰かに引き継がれて、遙か彼方の未来の人びとにまで、墓の主の「こと」が伝えたい。そう期待して、墓誌を作ったのではなかろうか。それ以前はきっと、墓それ自体がそうした記憶の装置であり、墓の主の人生や墓の由来を記憶する「墓守」（語り部）のたぐいを置いたりして、口伝えで記憶され続けることを望んだはずである。

人物を顕彰する記念館

これらの「墓誌」を眺めながら、私の脳裏に浮かんできたのは、墓誌とは数年来興味をもっている「人物記念館」のもっとも素朴な形態なのではないか、ということであった。人物記念館はまだ広く人口に膾炙している語ではない。どうやら、十数年ほど前から用いられ出したものらしく、早くも一九九四年に『人物記念館事典』（日本アソシエーツ）が編纂されている。これとほぼ同じ意味で個人記念館という語が用いられることもある。この事典によると、人物記念館とは、地域ゆかりの作家・画家・先哲などの業績を記念、顕彰、展示するための個人記念館、美術館、資料館のことである。たとえば、宮沢賢治記念館、石原裕次郎記念館、坂本龍馬記念館、手塚治虫記念館などがこれに当たる。

人物記念館は戦前にもあった。だが、急増するのは一九六〇年代すなわち戦後の高度成長期以降である。地方自治体などがその地域観光の目玉として、その地域ゆかりの作家や画家、先哲などを記念・顕彰する施設の建設に積極的に動き出したからである。

人物記念館の建設にあたっては、とりわけ自治体が主導する場合には、いくつかの条件をクリヤーする必要があった。すなわち、記念館の建設費は多額の費用が必要であるために、地域の住民が納得する人物でなければならない。地域外からの観光客を誘導するためには、その人物の「業績」がその地域を超えていなければならない。全国さらには世界に広くその名が知れ渡っていなければならない。また、その知名度は一過性のものではなく、長期にわたってつまり世代を超えて存続する可能性がなければならない。記念館に収納・展示することができる、その人物ゆかりの品々や作品がなければならない、等々。

人物記念館には民間が建設・運営しているものもある。この場合は、特定の人物を顕彰・記念したい人びとが、その人物の「偉業」を広く世間に、そして世代を超えて伝えるために、顕彰会や記念会を組織し、募金活動などを通じて費用を調達して建設したものであり、観光資源としての性格や地域住民の広範な支持といったことは二の次のことになる。

人物記念館の基本理念は、その人物の「業績」を顕彰し後世に伝えることにある。したがって、記念館で展示されるべきものの第一は、その「業績」(作品)である。画家ならばその人が描いた絵画が、作家ならばその作品群が、発明家ならばその発明品が展示されることになるはずであり、その周辺に位置づけられるのが「遺品」のたぐいである。しかし、こうした具体的な作品をもたないような、政治家や経済人、軍人などの場合は、その「業績」は言葉で表現するに留まらざるをえない。このため、展示品の中心は、「遺品」もしくはゆかりの品々ということになる。

顕彰型の人物神社

ところで、ほとんどすべての人物記念館に共通していることとして、私がもっとも注目しているのは、顕彰・記念すべき人物の「人生」、すなわち誕生から死までを、幾つかの時代に区分しながら、写真や遺品、ときにはジオラマなどを作って再現していることである。記念館の理念はその「業績」を顕彰・記念することにある。それを来館者に示す最良の方法は、その生涯を物語り、そこに「業績」を描き込むことであった。

そこで、もっともシンプルな人物記念館の形態を想像すると、建物があり、なかに入ると、顕彰・記念すべき人物の肖像画や写真、彫像があり、顕彰・記念すべき「偉業」を簡略に述べた「挨拶」（設立趣意書のたぐい）があり、ついでその人物の人生を語るコーナーがある、ということになるのではなかろうか。

この基本構造を支える思想は、右に述べた墓と墓誌が体現する思想とほとんど同じものである。言いかえれば、「墓と墓誌」を巨大化し現代化したものが、「人物記念館」なのである。両者の違いは、記念館には「遺骨がない」ことである。ある人物の遺族や関係者が、その人物の「偉業」を顕彰・記念したいと思って、墓誌や記念碑を作るわけであるが、さらにその思いが大きく、また記念館を建設し維持していくことができるほどの遺産その他の資金があったならば、その思いは記念館建設へと導いていくことになる。建設資金や運営費のめどが立たないがために、墓誌の発展型にして記念館の萌芽型ともいえる「記念碑」で満足している。そういう場合も多いはずである。いま、私は、墓誌→記念碑→記念館という発展・肥大化の道筋を想像してみたわけだが、じつは、記念館や記念碑が作られる以前にも、特定の人物を顕彰・記念しその「偉業」を後世に伝えるために作られた施設が広く浸透していた。「神社」である。

神社の祭神はさまざまであるが、そのなかに明らかに歴史上の人物を祭神とする神社、つまり「人物神社」がある。この人物神社のうち、古い神社の多くは怨霊系の祭神を祀っている。たとえば、北野天満宮は、死後、自分を失脚させた藤原時平や醍醐天皇などに祟りをなしたと語られた菅原道真を祀っている神社である。

ところが、豊臣秀吉を祀った豊国神社や徳川家康を祀った東照宮などの例が示すように、近世になってからは、天寿を全うしこの世に怨みを残すことなく亡くなった人たちも、「神」として祀られるようになった。この種の神社は、特定の人物の生前の「偉業」を顕彰・記念しそれを後世に伝える手段として編み出された「神社」であった。すなわち、当時では、特定の人物を世代を超えて記憶し続けたい、顕彰し続けたい、と思ったならば、記憶・顕彰したい人物の「たましい」を、豊国大明神とか東照大権現といった神号をつけて「神」に祀り上げ、信仰施設（社殿や堂宇）を建立して、そこに鎮座させるのが最良の方法であったのである。

こうした顕彰型の人物神社が、近世においてたくさん建立された。そして、その形態は、神号認可の権利を独占していた吉田神道家から正式の認可をえたものから個人が勝手に顕彰したい人物を祀ったものまで、また、巨大な神殿をもつ神社から道路脇や庭先に祀られた小祠まで、まことに多様であった。神社は、永続性や管理者のことを考慮の外に置けば、わずかな木材さえあれば誰にでも容易に作れる信仰・顕彰施設であった。

西郷南州の祠堂と神社と顕彰館

顕彰系の人物神社と顕彰を目的とした人物記念館を比較したとき、あきらかにその構造は酷似している。建物としての記念館が神社の社殿に相当し、館内の顕彰すべき人物の生涯を紹介するコーナーが神社の縁起に相当し、祭神のご真影や霊代、神像が人物写真や肖像、彫像に相当する。そして、両者の違いは、神社に鎮座しているのが「神」であるのに対して、記念館ではそうした宗教的観念ではなく、記念・顕彰すべき人物の「心」とか「精神」なのである。

じつは、顕彰系の人物神社と顕彰を目的とした人物記念館は、たんに同じ構想のもとで建設された、したがって同じ構造をもった記念施設というだけでなく、その歴史をたどってみると、戦前に流行していた顕彰系の人物神社の建立が、戦後困難になったために、人物記念館がそれに代わるものとして作られ出したものらしいことが確かめられる。つまり、墓（墓誌）→人物神社→人物記念館という歴史的プロセスが確認できるのだ。

具体的な事例を紹介しよう。上野公園の犬を連れた銅像で知られる西郷隆盛（南洲）は、大久保利通、木戸孝允とともに明治維新の三傑と称された人物である。明治新政府内の政争に敗れて故郷に帰ったが、明治十年（一八七七）、西南戦争を起こして、鹿児島市の城山で敗死した。西郷ら薩摩軍の戦死者の遺骸は、検屍のあと、近くの浄明寺に運ばれ、埋葬された。この墓地に、やがて「参拝所」ができた。その後、この参拝所は改築されて「南洲祠堂」と称した。仏教的にいえば「供養堂」である。そして、大正十一年（一九二二）、この「南洲祠堂」を発展させるかたちで、墓地の東側に、仏教的な性格の強い供養堂とははっきり区別された「南洲神社」が建立された。これは、顕彰したい人物を社殿を作って神に祀り上げるという近世以降に流行した方式にのっとったものであり、またその方式を大いに利用して近代天皇制国家は楠木正成を祀る湊川神社を初めとしてたくさんの国家が運営する人物神社（別格官幣社）を建立した。南洲神社はその影響をも受けつつ、敗者の側の将兵を慰霊し顕彰し記憶するため、地方自治体や民間人の主導で建立されたものであった。

ところが、こうした人物神社は、戦後、おしなべて苦境におちいった。それらの多くが戦前までの天皇制国家を支えるために建立された神社や国家や地方自治体によって維持・運営されていた神社であったため、その支援を期待できなくなったからである。すなわち、地方自治体が主催するかたちでの「神社」祭祀をおこなうことができなくなったのであった。もっとも、この種の神社もなんとか廃止を免れた。しかし、もはや以前のようなかたちでの神社運営は困難になり、祭神の生前の「偉業」を広めるという機能も低下してしまったのであった。

そこで、こうした人物神社に代わるものとして見出されたのが、人物記念館であった。西郷隆盛の場合、没後百年を記念するために、西郷南洲記念顕彰会が結成され、同会の主導で、西南戦争での戦死者の追悼集会や南洲神社での祭典をおこなうとともに、昭和五三年新たな顕彰・記憶装置としての「記念館」、すなわち「西郷南洲顕彰館」を墓地の西側に建設し、鹿児島市に寄贈した。顕彰館に入ると、西郷隆盛の大きな肖像画があり、展示の中心は西郷の生涯を描いたジオラマと遺品からなっている。

西郷隆盛の「偉業」の顕彰・記憶方法をたどってみると、墓・墓誌から人物神社へ、人物神社から人物記念館への歩みを読みとることができる。実際、戦前に神社に祀られた人物が、戦後になると、その人物の記念館が新たに自治体の主導で建設されていることが確かめられる。すなわち、多くの人物記念館の「主」は、かつてならば「人物神社」の「祭神」になっていたかもしれないような人物であり、戦前に「人物神社」に祀られた「神」は、今日ならば「人物記念館」の「主」になるような人物であったということになるわけである。

東郷平八郎と山本五十六

日露戦争の「英雄」・東郷平八郎と太平洋戦争の「英雄」・山本五十六の場合も、こうした顕彰・記憶の方法が人物神社から人物記念館へと変化したことを物語っている。

東郷平八郎は、昭和九年、八八歳で亡くなった。遺骸は多磨墓地に埋葬された。死後まもなく、海軍大臣を中心に政・官・財その他各界の代表者が集まって、「東郷神社」の創建を目的とした東郷元帥記念会を設立し、明治神宮近くの原宿に社地を得て、昭和十五年に祭神（軍神）の鎮座祭がおこなわれた。さらに社格は府社格であったが、別格官幣社への昇格が約束されていたという。しかし、その許可が下りないまま終戦を迎えたのであった。東郷神社は現在もなお、東郷平八郎率いる連合艦隊がロシアのバルチック艦隊を破ったことにちなんで、「勝利の神」を謳って存続している。

いっぽう、山本五十六は、太平洋戦争のさなかの昭和十八年、連合艦隊の艦長として、ニューギニアのブーゲンビル島で戦死した。六十歳であった。収容された遺体は検屍のあと荼毘に付され、遺骨となって帰国した。葬儀は、東郷平八郎の国葬がおこなわれたと同じ六月五日、場所も同じ日比谷公園で、やはり国葬としておこなわれ、これまた東郷と同じ多磨墓地に埋葬された。そして墓も東郷の墓の隣に設けられたのであった。

私の理解では、山本五十六が亡くなったとき、東郷平八郎のように、やがて「山本神社」の創建がなされ「軍神山本五十六之命」として祀り上げられるであろう条件はすでに整っていたと思われる。しかし、戦局は悪化の一途をたどり、山本五十六の「偉業」を顕彰・記念する神社はついに建立されることはなかったのであった。

戦後の高度成長に合わせて、地元出身の偉人を顕彰する記念館が各地で続々と建設された。だが、たとえ山本五十六のような知名度の高い人物であっても、時代の風潮を配慮してか、太平洋戦争を現場で指揮した軍人を記念し顕彰する記念館の建設はなかった。

しかし、山本五十六の「人柄」を敬慕しその「偉業」を顕彰したいと思う人びとはたくさん存在していた。そして、彼らの思いは膨らみこそすれ衰えることはなかった。やがて、彼の故郷である長岡の人びとや全国の旧海軍関係者、海上自衛隊関係者を中心に「山本元帥景仰会」が組織され、その主導のもとで「山本五十六記念館」の建設計画がスタートした。「山本神社」創建でなかったところが、興味深い点である。そして、平成十一年、地元長岡に、記念館が開館したのである。展示の中心は、やはり山本五十六の生涯をたどるというものであるが、海軍の軍縮に努力したり、三国同盟締結に反対したといった側面を強調したものになっている。つまり、山本五十六の「人間性」や「心」が顕彰・記念されているのである。山本五十六の死は、東郷平八郎の死からわずか九年後である。しかし、その「顕彰・記念」の仕方（＝「たましい」の扱い）は、時代の動きを反映してまことに対照的であったといえる。

これからも、顕彰したい人物（自分自身である場合もある）の「業績」を後世に伝えたいと思う人びとがおり、そして記念館を建設する資金を調達できるならば、この種の記念館が建設され続けることだろう。しかし、人物記念館は、人物神社などにくらべて、はるかにその運営・維持がむずかしい。忘却と戦って記憶の再活性化をつねにはからねばならないからだ。それを克服できなければ、多くの人物神社が廃社もしくはそれに近い神社に零落してしまったように、やがて休館・廃館に追い込まれてしまうにちがいない。

人物記念館——これは人間の「人生」の物語化（再表現）や「顕彰・記念」の仕方、さらには「心」の問題をも考えさせてくれる、まことに刺激的で興味深い対象なのである。

祭祀のメカニズム――「呪い祟り」から「祝い祀り」へ

1　霊魂の発生とその基本的役割

「霊」の世界

ここでは、「呪《のろ》い」・「祟《たた》り」・「祝《いわ》い」（斎《いわ》い）の相互関係とメカニズムについて考えることにする。これらは相互に関連し合った観念であって、その関連性を考察することによって、民俗宗教をダイナミックに把握することができるようになる。結論を先取りする形で述べれば、これらの観念はいわば因果的な連鎖の関係にある。すなわち、「呪い」によって「祟り」が生じ、「祟り」が生じたことによって「祝い祀り」がおこなわれるのである。しかし、このような連鎖関係を理解するためには、少し遠回りになるが、最初に、その根底にある「霊」もしくは「たましい」についての認識を深めておく必要があるだろう。

あらゆる宗教の根幹にあるのは「死」である。人間は生まれ、成長し、そして死ぬ存在である。これは絶対に避けることができない厳然たる事実である。しかし、人間はこの事実を素直に受け入れることができない。そこで、人間はその死を受け入れ、そしてその死を乗り越えるために、もう一つの世界を考え出した。それが肉体（物体）と分離して存在し続けることのできる「霊」（＝霊魂）の世界であった。岩田慶治の巧みな表現を借りると、人びとはつねに「目に見える自然」（この世）と「隠れた自然」（あの世）の境界を歩いている存在なのだという。「われわれは現世と他界の、あるいは〈この世〉と〈あの世〉の境界に位置しているのである。その左手に海という〈青い空間〉がひろがっており、右手には陸という〈白い空間〉がひろがっている。われわれは渚に立っているのである」。〈青い空間〉にたとえられているのが「他界」で、〈白い空間〉が「現世」である。人はこのことにふだんは気づかない。しかし、「霊」の示現や宿っていた事物からの離脱・退去（＝死）のときに、このことを実感することになる。二つの世界は互いに支え合っているわけである。

「霊」は存在を活気づける根源的な「ちから」であり、意識＝人格をもつとされた。すなわち、それは「いのち」と言いかえることもできる、物事のもっとも本質的な部分を構成していたのである。「霊」という観念はまことに便利な観念である。人間が目にし体験する世界の事物と現象は、この「霊」の意識の変化や宿っている事物からの離脱あるいは別の事物への移動として説明することができるからである。たとえば、人間の誕生は霊の新たな肉体の獲得であり、肉体の成長は霊魂の成長によってもたらされ、人の死は人間の肉体からの霊魂の離脱として説明される。稲の発芽は稲に新たな霊が宿り、その霊の成長とともに稲は生長し、その死は稲からの稲魂の離脱として理解される。したがって、霊が離脱した肉体やその他の生物、事物は「抜け殻」であり、その活動は停止し、そしてそれ以上存在することができず、腐敗しやがて朽ち果てる。これを「目に見える自然」から「隠れた自然」への霊の移行として理解するわけである。しかも、この「隠れた自然」（あの世）からは、生きている人間の世界が見えていると考えられていたのである。

さまざまな死後観

日本人は霊魂を、古来、「たま」とか「かみ」あるいは「もの」と呼び、通常は、人間の目には見えないものと考えてきた。この霊は、人間の死とともにその肉体を離れて、霊の世界（あの世）に去っていく。この「たましい」の還る場所＝「あの世」とみなされていたのが、目に見える身近なところにある山や原野、海の「見えない場所」であった。この観念は、死者の霊魂をあの世に送り出す葬送儀礼を「野辺送り」と称してきたことや、「草葉の陰から子孫を見守る」といった言い方に端的に示されている。このような死後観・あの世観に、中国から入ってきた道教や仏教の他界観・死後観が複雑に絡みつくことで民衆の他界・死後観も重層化したものになっていった。いわゆる極楽浄土とか地獄とか閻魔宮、龍宮、といった観念がそれである。

たとえば、私が調査したことのある高知県の物部村の一連の葬送儀礼には、西方浄土への再生、近辺の野山に住む動物への転生、墓地の下の暗い地下への再生、といった複数の他界観が表象されている。すなわち、初七日の前夜、喪家ではたらいに水を張り笹舟を浮かべ、翌朝、その船がたらいの西の側に移動していると、死者が浄土（善光寺）にたどり着いた、と判断して喜んだ。しかし、その一方では、やはり同じ初七日の前夜に、死者の寝室に、盆に囲炉裏の灰を敷き、その上に野バラを置いておき、翌朝、その灰の上にそのバラが描き出した模様で、蛇に生まれ変わったとか、雀に生まれ変わったとも判断した。そうかと思えば、墓の下の暗い冷たい世界で暮らすのは可哀想だといって、数年後に、死者の霊を墓から呼び招き、その霊を「ミコ神」として家のなかに祀り上げることもおこなわれた。このように、互いに矛盾するような他界・死後観が共存しているのが、民衆の信仰なのである。いずれにせよ、これらの死後観を生み出したり受け入れることで、人びとは死を乗り越えようとしていたのである。

さまざまな霊

ところで、「霊」は人間のみに存在するものではなく、存在する事物や現象、さらには人間が作った道具にまで宿っているあるいは宿る可能性をもつものであった。現在でも、人の霊を「ひとだま」、稲の霊は「いなだま」、山の木々の霊を「こだま」、船の霊を「ふなだま」、言葉の霊を「ことだま」、雷を「かみなり」などと呼んでいることに、そのような観念を確認できるであろう。このような万物に霊を見出す観念は、人類史の上でも古くから認められ、今日でも多くの社会で見出されるもので、これをアニミズムという。こうしたアニミズム的な信仰の中核に位置する霊は、いうまでもなく人間の霊である。生きている人に宿っている霊を「生霊」と呼び、死んだ人の霊を「死霊」と呼び、さらに「死霊」は細分化されて、先祖の霊つまり「祖霊」やこの世とあの世をさ迷う「幽霊」や生者に恨みを抱き続ける「怨霊」といった観念も生み出された。日本の民俗宗教は、こうしたさまざまな霊が複雑に重層化する形で存在してきた。

「霊」のもっとも重要な特徴は、一定の期間、意識・感情をもち、さまざまな出来事を記憶し続けることができると考えられていることである。「霊」には喜怒哀楽があるのである。そしてその感情によって導き出された神秘的な力が、生きている人間の生活に大きな影響を与えるとも考えられていた。とりわけ日本人は、恨みを残して死んだ者の霊＝怨霊に格別な思いを抱いてきたといっていいだろう。

2　「霊」の発現

好ましい「霊」

人間の霊や動物その他の霊が人間に対して神秘的な作用を発揮すること、つまり「霊」の発現には、大きく分けて二つの類型を設定できる。

一つは、友好的な関係にある特定の霊が、人間に富貴を与えたり、吉凶を予言したりするために示現するものである。このような「霊」の示現は、神がかりや夢、幻覚・幻聴といった状態で起こる。たとえば、鈴木昭英によれば、福島県下のいくつかの集落では、山麓の村人が「葉山」と呼ぶ小高い山に登って、葉山の権現・明神や氏神を霊媒役の者に降ろして、作物の出来具合や天候、あるいは個人個人の運命などについての託宣をしたという。人の体にその人自身の霊とは異なる霊、多くは山の神が示現するわけである。夢を通じての示現の例としては、たとえば、『平家物語』にみえる、平清盛が厳島神社に参籠したとき、夢に厳島明神の使者と称する天童が現れて、清盛に天下を治めるための剣を与えたという話を挙げることができるだろう。

こうした人びとに好ましい形での示現は、すでに示現する霊と人間との間に友好的な関係が確立されていることが前提になっている。つまりその霊に対して「祝い祀り」という宗教的行動がおこなわれているのである。「祝う・斎う」・「祭る・祀る」とは、特定の神霊・神格に対して人びとが畏敬の念を表明し、それを示すための供物や芸能、祈りを捧げて、神霊・神格を喜ばせることである。これを時を定めてあるいは臨時に執りおこなうことを通じて、両者の友好関係が再確認されることになる。別の言い方をすれば、「祝い祀り」を通じて、人びとはその神霊・神格を制御可能なものにしているのである。上述の葉山の神の神降ろし=託宣も、厳島明神の夢告=託宣も、「祝い祀り」を前提にした、神と信者の好ましい関係を再確認する現場の事例であるといえる。

災悪をもたらす「霊」

このような好ましい「霊」の発現に対して、もう一つの類型は、人に災厄をもたらすために「霊」が発現するというものである。これは、特定の霊と生きている人が敵対・対立関係に入ることによって生じる。たとえば、人を謀殺したり、神木を神の許しを得ることなく伐ってしまったりしたとき、殺された者の霊や無断で神木を伐られた神霊は、恨みや怒りの念を抱き、その復讐や制裁を人びとにおこなおうとする。神霊・神格の「怨霊化」である。このような怨霊が制裁・報復のために神秘的な力を発動し、それが病気や不作といった形で具現化した。人びとはそれを「祟り」と表現した。もちろん、攻撃される人間からみて、制裁・報復を受けて当然の原因によっていることもあれば、理不尽な攻撃ということもあった。しかし、いずれにせよ、人びとは神秘的な力によってもたらされた災厄を防ぎ止め、現に生じている好ましくない状態、つまり病気や不作、日照り、長雨、等々の状態を、好ましい状態に回復しなければならなかった。そしてこの災厄へのもっとも有効な対処の方法が、「祝う・斎う」・「祭る・祀る」という行動であった。すなわち、「祀り」を提供し、それによって、怨霊の怒りを解きほぐし、和んだ気持ちになってもらい、さらには将来の幸福をも引き出そうとしたのである。もっとも、怨霊に対してなされる「祀り」は、人間の側からの一方的な「贈与」にすぎない。したがって、怨霊がその「贈与」である「祀り」を、満足のいくものとして受け取ってくれなければ、なんの効果も発揮しない。そこで、人びとは怨霊がその「祀り」を受納したということを確信するまで「祀り」を奉納し続け、あるいは受納したと一方的に思いこむことにしたのであった。もっとはっきり述べると、「祀り」には呪術によって、たとえば、注連縄などを張り巡らして結界を作り、そのなかに怨霊を封じ込めるような行為も含まれていた。

「祀り」のメカニズム

この「祀り」には、多くの場合、次のような災厄の原因を究明する認識メカニズムと、災厄除去のメカニズムとが含み込まれていた。こうした災因論は、災厄の発生→祟りとしての認知→怨霊の示現→怨霊の特定→怨霊の怨霊化の原因の特定、というように時間を遡及する形で思考される。この災因の解明のもっとも有効な手段とされたのが、「占い」（裏を見ること）である。災因が発見（＝虚構）されるとき、今度は災厄除去のメカニズムが発動することになる。すなわち、怨霊への謝罪、怨霊化の原因の除去、怨霊の怨念の鎮静化のための「贈与」といったことを含んだ「祝い祀り」や、強力な神仏の力を借りての怨霊の制圧・追放の儀礼が執りおこなわれるのである。そしてこの「祝い祀り」を受け入れたとき、その「怨霊」は怨霊としての性格を失って「和霊」に転化するのである。たとえば、民間でよく見られた「キツネ憑き」による病気を直すために、宗教者はその呪力で悪霊を祓い落とそうとする一方、「稲荷」に祭り上げるので病人から退散してほしいと提案したりもする。つまり、こうした祭儀を通じて、悪霊は制御可能な神霊・神格、祀られている神霊・神格となり、その状態を維持するために、定期的に友好関係を確認するための「祀り」が執りおこなわれることにもなるわけである。日本人のいわゆる「祭り」の歴史的起源を極めることは難しいが、おそらく「祭り」の核心のひとつは、このような「祟り」と「祝い祀り」のメカニズムから発生してきたのであろう。

折口信夫によれば、「祟り」という語の原初的意味は「(霊が)立つ」ということで、好ましい霊、好ましくない霊、そのいずれの場合であれ、人間の霊や動物その他の霊が人間に対して神秘的な作用を発揮すること、つまり「霊の発現」を意味していたという。その可能性は十分に考えられる。しかし、たとえ語源的にはそうであれ、「祟り」という語が担ってきた意味の歴史の大半は、否定的な意味合いをもったものであった。したがって、ここでは、私たちは狭義の意味つまり否定的な意味をもった語として使用するが、折口説はこれまで述べてきた「祟り」を「祀り」のメカニズムのなかで考えるべきだ、ということを示唆している。

3 「呪い」のメカニズム

「呪い」信仰の三局面

人びとに災厄をもたらす神秘的な力は、特定の霊もしくは霊をもった存在の激しい怒りの念、度を越えた憎悪の念から生み出される。しかし、激しい怒りの念がつねに災厄を引き起こすと考えられていたわけではない。そのために、神秘的な力を発動させるための呪術的な行為をおこなうこともなされた。このような邪悪な呪術を「呪い」と呼んでいる。『古事記』にも、弟の成功を妬んだ兄の裏切りに対抗するために、弟に味方した母が、兄に見立てた呪具を用いて呪い、それが成功して反省させた、という話が見えている。

「呪い」の信仰には、呪いをかける側とかけられる側の二つの軸が存在している。そこからさらに、呪いをかける側の信仰という局面、呪いをかけられる側の信仰という局面、そしてその双方が共同に呪いを幻想するという局面の、三つの局面が導き出される。呪いをかける側の信仰の局面とは、呪いを信じている者が憎らしいと思う者に死や病気などの災厄をもたらすことができるという呪術を行使することである。この局面では、呪いを行使する者がそれを信じているということが重要であって、呪いをかけられる者がそれを信じているかどうかは問題ではない。呪いをかけた後に、しばらくして敵が事故で死んだり怪我をしたりすれば、呪いが成就したのである。したがって、人の死や事故その他の災厄を、本人が知らないところで、自分のおこなった呪いの成就であると理解している人がいる、ということになる。私が交通事故を起こしたとき、自分の呪いが成就したとひそかに喜んでいる人がどこかにいるというわけである。たとえば、かつての民俗社会では、人知れず一定の作法にしたがって敵に見立てた藁人形に釘を打ち込むと、敵に災厄が生じると信じていた。その名残の習俗を、今日でもところによってみることができる。

これに対して、呪いをかけられる側の信仰の局面とは、自分の身に生じた災厄の原因を誰かの呪いに求めるということである。これは災厄を受けた者の幻想のなかでの呪い、つまり災因論としての呪いである。私の病気は誰かの呪いだと信じ、その呪いを解除するために、ときには呪いをかけた者の探索をおこなうこともある。この探索を手伝うのが「占い」の上手な宗教者であった。その宗教者は、それを百年も昔の人がかけた呪いの成就だと判断するかもしれないし、隣に住んでいる仲の悪い者がひそかにかけた呪いのせいだと判断するかもしれない。もっとも、呪いをかけたとされる者はそのような判断が勝手に下されていることを、相手に告発されることがないかぎりまったく知らないわけである。このような局面では、私はまったくなにもしていないのに、私がかけた呪いで交通事故にあったと、知らないところで、怒り狂っている人がいるかもしれない、ということになる。

もうひとつの局面は、呪いをかける側と呪いをかけられる側が呪いの信仰を共有し、敵に呪いを寄せられることを恐れる一方、自分がかけた呪いの成就を期待している場合である。このような関係においては、自分の名前を書いた藁人形に釘が打ち込まれているのを発見したならば、驚愕し、大慌てでその呪いの解除を宗教者に依頼するだろう。また災厄が生じれば、その呪いのせいだと判断するであろう。また、その呪いの藁人形を使用した犯人がわかれば、それを不当な行為として告発することもあるだろう。そして告発された犯人は、自分の犯行を認めるかもしれない。古代から中世までは、こうした呪いの共同幻想が知識人や為政者をも強く支配していたのである。

「呪い」の機能と方法

以上の局面の分析から、災厄を受けている人びとにとって、呪いは災厄の説明の一部を構成し、呪いをかける人にとっては、呪いは心のなかに鬱積する怨念のカタルシス（浄化）となっている、ということがわかる。そして、それを共有化することで、呪いをかけられる可能性の高い者は呪いを恐れてその行動に社会的・倫理的規制を加えられることになる。近世の庶民の生活を描いた記録のなかに、夫の浮気に怒った妻が「丑の時参り」（藁人形を用いての呪詛）したという話が見えるが、この呪いの効果は、少なくとも上述の三つの機能が重複するかたちで把握されねばならない。

民俗社会で流布していた呪いの方法は、それほど多くはない。圧倒的に多いのは、藁人形を用いた「丑の時参り」型の方法で、より効果的な呪いは宗教者の知識に依存していた。民間の宗教者の呪い法には、不動明王などに働きかけるといった仏教系の「調伏法」や式神やそれに相当する動物霊を駆使しておこなう陰陽道系の「呪詛法」、あるいはその双方を取り込んだ修験道系の「調伏・呪詛法」などがあった。高知県の物部村の「いざなぎ流」と称する陰陽道末流の宗教者たちは、「式王子」を駆使しておこなう呪い法を含む多種多様な「式法」（呪術）を伝えている。しかし、それは全国的にみて、現代ではむしろ特異な事例かもしれない。

呪いの発現・成就は、祟りと表現されることが多い。しかし、呪いという言葉は、生きている人間の神秘的攻撃といった意味合いが強い。祟りはそれに限定されず、死んだ人の霊や動物の霊、さまざまな神霊の神秘的攻撃を意味している。

4 「祟り」と「祝い祀り」の構造

古代の祟りと祝い祀り

「祟り」は、日本の民俗宗教の核心を構成する重要な要素である。この祟りは怨霊の神秘的な攻撃のことであるが、このような観念が文献の上ではっきりとした形で物語られているのは、『日本書紀』崇神天皇七年の記事である。それによると、災厄がしきりに起こったので、崇神天皇がその原因を占ったところ、大物主神《おおものぬしのみこと》（現在の大神《おおみわ》神社の祭神）が巫女に神がかって「私を祀れば収まるであろう」と託宣した。その通りにしたが収まらなかったので、天皇が「私の神祀り方では不十分なのか、夢で教えて欲しい」と祈願したところ、大物主神が夢に現れ「私の子である大《おお》多々根子《たたねこ》に私を祀らせれば収まるであろう」と託宣した。その通りにすると収まったという。大神神社の起源を伝える話である。

この話には、災厄の発生→巫女の神がかり・託宣→大物主の祟り→大物主の祀り上げ→祀り上げの失敗→夢占い→大物主の夢告→祟り神による祭主（神主）の指定→祭主による祀り上げ→祭りの受納、というように、日本の「祟り」信仰の構造・メカニズムが集約された形で表現されている。

このような祟りと祀りの関係がいっそう明確な形で表現されているのが、『常陸国風土記』行方《なめかた》郡に見える伝説である。箭括《やはず》の氏の麻多智が、この郡の西の谷の葦原を切り開いて田にしようとしたところ、蛇身で角のある夜刀《やつ》の神たちが押し寄せてきて、これを妨害した。怒った麻多智は自ら武器を執り、この夜刀の神たちに反撃し、撃ち殺したり山に追い払ったりした。そして山の入口に境界の標の杖を立て、「ここから上は神の地、ここから下は人の田としたい。これから末代まで、私が祝（神主）となってあなたがたを敬い祭るので、どうか私たちに祟らないでくれ。恨まないでくれ」と述べ、神社を建てて、この神を祀ったという。夜刀の神の祟りを、その神の祝い祀りによって鎮めたわけである。

大物主の場合は自分から託宣を通じて、自分の祀り上げと神の祝としての大多々根子を指定し、そうすれば怒りを鎮めると宣言している。しかし、夜刀の神の場合は、自分からこうすれば鎮まると述べているわけではない。麻多智の方から「夜刀の神のために神社を建ててそこにあなたを祀り、自分がその祝《はふり》（神主）になるから、祟らないでくれ。恨まないでくれ」と一方的に頼んでいるのである。麻多智の祝い祀りの提案を受け入れるかどうかは、形式的には夜刀の神の判断にゆだねられている。もっとも、この提案は、麻多智による祝い祀りの強要という性格が強く、もしこれを受納しなければ、夜刀の神の退治つまり強力な呪力による封じ込めに及ぶであろう、ということが暗に述べられているのである。

このような「祟り」と「祝い祀り」の関係の観念を飛躍的に発展させたのは、平安時代の貴族たちであった。菅原道真の怨霊を鎮めるために建立された北野天満宮の例が示すように、京都の貴族たちは政敵の怨霊の祟りにおびえ、疫病などの災厄をその祟りのせいだと考え、怨霊を「御霊」(=和霊)と称して神に祀り上げることでその怒りを鎮めようとしたのであった。京都の祇園祭はこの御霊系の祭りの典型例である。民俗社会における「祟り」と「祝い祀り」をめぐる信仰は、古来からの信仰と、都から広まった「御霊信仰」が結合するかたちで人びとの間に浸透し、中世以降には、民俗宗教の中核部に位置づけられるようになっていった。

現代の祟りと祝い祀り

このような「祟り」と「祝い祀り」の関係は、今日の民俗社会においても見出される。たとえば、長野県南部の山間では、「若宮」とか「霊神」と呼ばれる小さな祠を見かけることがある。その建立伝説として、そのあたりに住む家の者が病気その他の災厄の原因を占ったところ、昔、ここで殺された旅人や動物の霊が祟りをなしていることが呪いなどでわかり、それを鎮めるために、そのような小祠を建立しその怨霊を神に祀り上げた、といった類の伝承を聞くことができる。戦後、とくに高度成長期以降、急増した水子供養も、じつはこうした「祟り」と「祝い祀り」の構造を利用して生み出されてきた新しい信仰であるといっていいだろう。

祟りの発現は、怨霊を生み出す原因を作り出した当の本人にあるのがふつうである。しかし、やがて、仏教の因果応報の思想などの影響を受け、親が犯した罪の祟りを、その子や子孫が受けるとか、前世の罪の祟りをこの世で受けるといった思想も生み出された。そして、これは人びとの不幸を「正当化」したり、差別・排除を「肯定化」するためにも利用されることになった。たとえば、自分の家が没落したのは、親が前世である動物を殺した呪い・祟りだとか、大昔の村人が殺した旅の者の呪い・祟りだ、といった類の言説が流布することになった。

5　祝い祀りの深層

「祟り」信仰と「慰霊」

民俗宗教において、祟りの信仰は大きな比重を占めている。それは人びとが他人の、神の、動物の怨念を、妬みや恨みを恐れていることを意味している。さらにいえば、それは広い意味での「世間の目」「霊の目」に対する恐怖・配慮の象徴的表現ともいえるかもしれない。殺されたり、人生半ばでこの世を去った人びとに対して、格別の思いを抱いてきたのが日本人であった。人びとは殺した者の呪い・祟りを恐れた。この怨霊を封じ込めるために祀りもおこなった。しかし、それだけでなく、家族や親族、共同体のために犠牲になった者に対しても「負い目」「後ろめたさ」を感じ、その者の心境を思いやり、その霊を慰め、そのために祠を建て、神に祀り上げることさえした。「慰霊」という行為は、怨霊を鎮めるというだけでなく、もっと広い意味での鎮め、霊に対する生者の心の内部に発生する「後ろめたさ」「負い目」を浄化する行為であった。言いかえれば、生きている日本人は、生きているというだけで、霊に対して弱い立場に置かれていたのである。生きている人は「霊の目」を、「先祖の霊の目」「殺した者の霊の目」「堕ろした子供の霊の目」「身代わりになって死んだ者の霊の目」「怨霊の目」等々を、つねに無意識のうちに気にしているのである。その「霊の目」が、怒りに満ちたものではなく、あるいはこの世に未練を残し続けることなく、安らかなものになるように、と祀りをおこない、供養その他の「慰霊」行為をおこない続ける。それが「祝い祀り」の本質であった。

遺骨収集の光景

最後に私の体験談を書いておこう。二五年ほど前からミクロネシア連邦チューク（旧トラック）州で人類学の調査を断続的におこなっている。ここは、第一次大戦後から第二次大戦終了まで国際連盟委託統治領「南洋群島」として日本が支配していたところである。チューク環礁の礁湖は大きな軍艦も停泊できたので、戦時中は、ニューギニア方面に進攻する日本の連合艦隊の重要な基地になっていた。しかし、反攻に転じた米軍の激しい空襲と艦砲射撃によって、チューク諸島にいた軍人、軍属、民間人、そして現地人の多くの命が失われたところでもある。このため、戦後五十年以上経った今でも、空襲によって沈んだ軍艦や輸送船などに残っている遺骨を拾い集める厚生省の遺骨収集団や戦没者の霊を慰める各種の慰霊団が、このチューク諸島を訪問してくる。私もこれまで何度かそうした団体と出会った。またチューク在住の親しい日本人や現地人から、慰霊団がときどきやってきていたことを聞かされた。

慰霊団の現地での慰霊行動は、私には十分に理解できるものである。たとえば、慰霊碑の前に花輪が飾られ、同伴してきた僧が戦没者の霊を慰め鎮めるためのお経を読み、参列した人びとが線香をあげる。あるいは、船で海上に出て、花輪や写経を捧げる。

しかしながら、次のような儀礼的光景は、それを目にしたアメリカ人や現地人には異様なもの、不思議なものを目撃してしまったという印象を与えるらしい。それは遺骨収集にまつわるものである。海底の沈船から引き上げられた遺骨を関係者が最敬礼で迎え、日章旗や海軍旗で覆って浜辺で荼毘《だび》に付し、お経を読んで供養し、翌日、その骨を拾い上げて骨壷に納める。その光景は、日本人の私には胸にジーンとくるものがある。そこに集められた遺骨は私とは縁もゆかりもない者であって、しかも、私の生まれる前に死んだ、身元さえはっきりしない人の骨にすぎない。にもかかわらず、このような場に偶然居合わせると、この遺骨になった人の非業の死を勝手に思い描き、思わず合掌してしまう。このような慰霊の仕方、遺骨の収集は、日本人ならば少しも奇妙な振る舞いではないのである。

異文化の目に映る「慰霊」

ところが、こうした光景がアメリカ人や現地人には異様に映るらしいのだ。たまたまこれを目撃したあるアメリカ人医師は、海底に眠っていた日本兵たちが地上に突然現れたような気分になって背筋が寒くなったという。なるほど、艦船から拾い上げた骨の前で、船とともに沈んだ軍服姿の若者の写真を前に祈っている未亡人や生き残った戦友は、もうとっくに七十代を過ぎた老人である。そんな彼らがよれよれになった海軍帽をかぶって、誰ともわからないような遺骨を焼いたりそれに対して合掌したりしているのだ。日本文化のコンテキストに位置づけて解釈できない異文化の人が、その姿を見て奇妙な感じを抱くのは当然のことであろう。そして、この光景に対する「私たち日本人」と「彼ら」との受け取り方の違いに、日本文化の特徴、とりわけ日本人の「霊」への信仰の特徴が示されていると思われる。

すなわち、この年老いた元日本海軍の兵士たちは、ここで戦死した戦友の霊を「慰めている」のである。海に沈んでいた戦友の霊が誰かに怨霊となって祟りをなしているわけではない。「英霊」として「靖国神社」に祀ってくれと夢や託宣で要求したわけでもない。そうではなく、物言わぬ「戦友の霊の目」を背に負って生きてきた戦友の「思い」が、死んだ者が可哀想だ、生き残って申し訳ないという「思い」が、慰霊行為を導き出しているのである。ある意味で、戦争によってこの年老いた元日本海軍の兵士たちの人生の時間の、ある部分が止まってしまったのだろう。

そして、その後の人生はこの「霊の目」を安らかにすることを意識し続ける人生であったのだろう。私たちはここに脈々と流れる日本人の民俗的な信仰伝統を見出す。

遺骨収集の起源

ところで、遺骨収集の様子を見たとき、異郷の地で命を落とした者の遺骨（＝霊魂の依り代）を拾って故郷に帰すという習俗は、昔からの習俗であったかのような印象を与えるかもしれない。しかし、私たちは、近代以前に、異郷の地で戦死したり病死や事故死した人の遺骨を故郷に残された肉親が探し出し、拾い集めて、故郷に連れ戻してくる、といった習俗を民衆の間に見いだすことはできない。山折哲雄によれば、日本人は、古来、遺骨に対する関心は低く、遺骨を高野山に納めるといった習俗はあったが、そのような異郷の地で命を落とした者の遺骨を収集するという儀礼的行為が、広く民衆の間に定着したのは日中戦争開始以降のことであるという。当時の国家が、戦場の各地で散った戦死者たちの遺骨を戦地におもむいて集め、故郷に持ち帰ってその霊を慰め、「英霊」（＝遺骨）として靖国神社やその下部組織である地方の忠魂社＝護国神社で祀り上げることを始めたのである。これは民俗的信仰を変形させて作り出した、近代の軍国主義国家の創造物であった。

ところが、このような国家的行事を生み出し運営していた国家が敗戦によって倒れた。したがって、それによって、その国家がその国家のために命を捧げた兵士を祀るという疑似宗教的行事も廃止されるのが当然であった。とくに、兵士の遺骨を収集するなどという習俗は、昭和になるまで存在していなかったのだから、その事業主体を失って簡単に消滅しても不思議ではなかった。しかし、この遺骨収集の儀礼的行為は、わずか二十年足らずの間に日本人の心性の奥に入り込み、国家主義的儀礼の域を越えて国民的・民衆的な文化に変質しつつあったのである。いや、民衆の宗教心が戦前の国家が作り出した儀礼行為を自分たちの信仰に組み込んでしまったといった方がわかりやすいかもしれない。

戦後、独立を再び回復したとき、新生国家は遺骨の収集を開始する。これには、「靖国神社法案」に示されるように、それを政治的に利用しようという政治家や一部の戦没者遺族たちの思惑があったことは否定できない。しかし、その骨を依り代にして帰国する霊を迎えたいという「思い」は、国家だけではなく、民衆のなかにもあったとみるべきであろう。その心性は、近代国家という枠組みの成立以前から存在していた、「霊の日」を意識した「後ろめたさ」に由来するものであったのだ。実際、戦没者の慰霊行為とほぼ同質の慰霊行為を、たとえば、私たちは日航ジャンボ機の墜落現場である御巣鷹山、あるいは阪神・淡路大地震の被災地にも見いだすことができるだろう。

ここでは、「祟り」と「祝い祀り」の関係を中心に紹介してきたが、そのメカニズムから怨念・憎悪を抜き取っていったとき、右に述べた「慰霊」という観念が浮かび上がってくる。そしてそのメカニズムは、共同体や家族のために犠牲になった者を「慰霊」しようというメカニズムと、じつはよく似ているのである。

「慰霊碑」は現代的な装いを凝らした「小祠」なのかもしれない。ミクロネシアでの体験は、少なくとも私に日本人の「霊」についての観念を考えるきっかけを与えるものであった。神なき時代において民俗学を学ぶ意義のひとつは、このような現代的な問題を文化の奥深いところから考えるところにあるのかもしれない。

誰が「たましい」を管理できるのか――人を神に祀る習俗再考

靖国神社以前へ

平成十三年（二〇〇一）の夏、小泉首相の靖国神社公式参拝が、かつて日本の侵略を受けた韓国や中国をも巻き込んだ大きな事件となった。いまや、靖国神社参拝は、首相を初めとする閣僚たちがどこに顔を向けているかを示す、踏み絵的な役割を果たしているらしい。

靖国神社は、明治十二年（一八七九）に東京招魂社を前身として建立された神社で、嘉永三年（一八五三）以来の国事殉難者、戊辰戦争の戦没者、さらに西南戦争の戦死者を始めとして、以後日本の対外戦争における戦死者を「靖国の神」として祀っている。

いうまでもなく、終戦まではその主要な祭祀団体は「大日本帝国」（陸軍・海軍）であった。占領軍によって国家神道は廃止されるが、靖国神社は廃社されることなく民間の一宗教法人として存続し、戦没者の遺族たちを中心とする日本遺族会などの団体等によって支えられている。さらに一九七八年には、右に述べた参拝事件をめぐる争点の一つとなった、連合国によってA級戦争犯罪者として処刑された東条英機たち一四名の合祀がひそかにおこなわれた。平成十三年十月現在の祭神数は、二、四六六、三六四柱である。靖国神社の問題は錯綜している。また、立場は異なるにしても、論理を超えた感情的な議論に走りがちである。

この小文は、靖国神社の歴史や現状を直接扱うものではない。むしろこの問題をめぐって浮上してくる日本人の、とりわけ民衆の間にみられる「たましい」の処遇についての考察を試みることで、靖国神社問題へアプローチする手掛かりとすることにある。

靖国神社をめぐって巷から聞こえてくる声はいろいろである。あの戦争を、正しい戦争であったにもかかわらず軍事力・経済力の差によって敗北したにすぎないと考えるにせよ、誤った侵略戦争であったと考えるにせよ、国家が遂行した戦争の犠牲者は、現在の国家がその犠牲の上に再建されたのだから、彼らの追悼・慰霊は国家がおこなうのが当然ではないか。現憲法下では、国およびその機関が宗教的活動をしてはならず、また公費を支出してはならないことになっているのだから、靖国神社への閣僚の公式（公人としての）参拝および国費の支出は憲法違反になるのではないか。靖国神社が戦没者を「神」に祀った神社ならば、銃後の「兵士」として亡くなった空襲等の戦災者たちは、なぜ靖国神社に祀っていないのか。靖国神社への戦死者の合祀は、本人の意思や遺族の意思が優先すべきで、その意思を無視して靖国神社が勝手に祭祀しているのは好ましくない。戦災者を追悼もしくは慰霊するならば、戦闘員・非戦闘員の区別なく、また戦争当事国や戦場となった地域での戦争犠牲者の区別なく、すべての戦争犠牲者を追悼・慰霊すべきだ。民間の一宗教法人たる特定の神社仏閣で、公的機関が、どのような趣旨であれ宗教行事をすべきではない。

こうしたさまざまな声を耳にしながら、筆者が抱いた疑問は、いつから日本人は、亡くなった人の「たましい」を「神」に祀るようになったのか。なぜそうした行為に向かうのか。また、死者の「たましい」の管理は誰がすべきであり、すべきでないのか、といった習慣的なルールがあったのだろうか、といったことであった。さらにまた、靖国神社に祀られている祭神は、「御霊」(怨霊祭祀)に連なるものであると説かれることが多いが、はたしてそう言ってよいのか。あれこれと考えをめぐらしているうちに、冒頭で述べたような、「たましい」の管理・処遇という問題が浮かび上がってきたのであった。

この疑問を明らかにするためには、近代国家の政治的次元の考察では限界があり、歴史の世界のみならず、民間伝承の世界の懐の奥まで探索の手を伸ばしていかなければならない。というのは、問題の核心は、死者の「たましい」、さらにいえば生者の「たましい」は誰が管理できるのだろうか、そのような習慣があったのだろうか、といった点にあるからである。たとえば、私が死んだら、私の「たましい」は誰が管理するのだろうか。私の遺族だろうか。もしその遺族が「たましい」など存在しないと考えるとしたら、彼らはまったく「祭祀」しないのだろうか。それとも、その精神を継承する別のやり方を考え出すのだろうか。遺族が祭祀するしないにかかわらず、その存在を信じている人は誰でも、私の「たましい」の管理ができるのだろうか。もっとはっきり言えば、そうした人は私の「たましい」を、神社を建立して自由にそこに祀り上げることができるのだろうか。

人を神に祀る習俗

この世に生を受けた者を、死後に「神」として祀り上げる。たしかに、これは古来からの習俗の一つであった。もし全国各地の大小さまざまな神社や祠のたぐいの祭神を調べ上げたならば、おそらく私たちの想像をはるかに超える人を神に祀り上げたという神社の数値が出てくるのではなかろうか。

たとえば、国家レベルでの宗教施設としては、平安時代中期に、時の国家によって建立された菅原道真を祭神とする北野天満宮、近世初期に建立された、徳川家康を祭神とする日光東照宮、豊臣秀吉を祭神とする豊国神社、近代になっての建立である明治天皇を祀った明治神宮、桓武天皇を祀った平安神宮などがすぐに想起される。さらに藩などの地方においてもさまざまなレベルでの人を神に祀った施設（「人神」信仰の施設）があり、その末端には、集落レベルでの「若宮」といった呼称が与えられることが多い「怨霊」を祀り鎮めた小さな祠などがある。

ところで、人を神に祀った「祠堂」（祭祀信仰的施設）を調べてみると、圧倒的に多いのが「神社」である。人を「神」に祀ったのだから神社であるのが当然ではないかと思われるかもしれな

「祟り神」から「顕彰神」へ

人を神に祀る習俗を考えるときに、まず第一に考えなければならない要素は、その習俗の担い手である。誰が死者の「たましい」を「神」として祀り上げようと考えたのか。「祀り上げ」という行為へ至る過程には、その原動力になった思想が存在しているのである。その思想は、特定の死者の霊を前にした人びとの想像力によって生み出されたものである。死者に対する「思い」が、死者を「神」として祀り上げなければならないという行動へと導くわけである。その「思い」は、大きく三つに分けられる。

一つは死者の霊が怨みをもっているので、それを祀り上げて鎮めなければ、人びとに災いをもたらすという観念である。いま一つは、死者は生前に傑出した業績を残したので、そのことを称えるために「神」に祀り上げようとする観念である。さらにいま一つは、人生半ばにして、事故や病気、戦争などで命を落とした人を悼んで、その霊が安らかに眠ることを期待して霊を慰めなければならないとする観念である。

第一の観念に支えられた「人神」を、仮に「祟り神」系の人神と名づけるとすると、第二のそれは「顕彰神」系の人神、第三のそれは「慰霊」系の人神と呼ぶことができるだろう。そして、これを歴史的視点から述べれば、その信仰の古層にあるのは「祟り神」系であって、その派生系として、「顕彰神」系や「慰霊」系の人神が生まれてきたということが確かめられる。「顕彰神」

系の発生には、人びとの意識の変化、つまり人神思想から「祟り」の側面が希薄・脱落し、他方では「神」に祀るということがもたらす別の機能への着目が生じたという事情が潜んでいた。別の機能とは「記念・記憶装置」という機能である。

「祟り神」系の信仰では、人びとを襲ってくるさまざまな災厄の原因を、特定の死者の霊の祟りに求めるので、その強調点は怨霊の鎮魂に置かれている。鎮魂を実現するための怨霊を「神」として祀り、その怨霊の気持ちをなごませるために祭礼をおこない、社を建てるのである。しかし、その結果、別の機能が浮かび上がってきた。「社」を作り、そこに祭神を勧請し、その創建の物語が語り継がれる。こうしたメディアを通じて、死者の生前・死後の「出来事」(物語)が時間を超えて記憶されることになる。この「記念・記憶装置」に着目したのが、「慰霊」系や「顕彰神」系の人神である。祟りをなすなどといった想像を働かせる余地がないほど幸福な人生を送った人物、すなわち老齢となり天寿を全うして亡くなった権力者や偉人の霊も、死後、その偉業を後世に伝えるために、神に祀り上げられたのであった。豊臣秀吉を祀った豊国神社や徳川家康を祀った東照宮などはその典型であった。

「慰霊」系の人神祭祀は、「顕彰神」系の派生形として発生してきたと考えられる。「慰霊」の観念はたしかに古い。古代の「鎮魂」とは、言いかえれば「慰霊」行為である。したがって、「怨霊」祭祀もまた「慰霊」行為である。しかし、ここで「慰霊」といっているのは、その系譜に連なりながらも、異なった性格を有している。それは霊は怨霊と化して祟りを発現しているわけではなく、人生を全うすることなく亡くなったことへの、残された人びとの「哀れみ」や「後ろめたさ」の思いから、亡くなった者の「たましい」を「慰める」という行為に向かい、それが祠宇の建立という「人神」祭祀となったものである。(2)

類型論的にみたときには、この三つのタイプの「人神」、とくに「祟り神」系と「顕彰神」系は対極にあるかにみえる。しかし、人を神に祀った神社の歴史をたどってみるとわかるが、「祟り神」系の社が、「顕彰神」系のそれに変化することが普通であった。京都の「北野天満宮」や宇和島の「和霊神社」がそうであったように、創建当初は「祟り神」系の神社であったが、やがてその祟りが終息したとみなされるようになると、祭神は信者たちの守護神・福神へと変化し、それにともなって祭神を顕彰するような方向に信者の信仰行動も変化していったことがわかる。英雄・偉人化つまり「顕彰神」化がなされたわけである。これに対して、その逆の「顕彰神」から「祟り神」へと変化した「神社」はほとんど見いだせない。これも人神思想の大きな特徴であろう。

「記念・記憶装置」としての「人神」とその「社」(堂)を、別の観点から説明することもできる。すなわち、日本人の「たましい」(霊魂)の観念からいえば、個々人の「たましい」は、こうした「記憶装置」を媒介にしなければ何世代にも渡る長い時間を生き続けることができなかった。神になれない人びとの「たましい」は、おおむね三十三回忌から五十回忌をもって「個体」としての性格を失って「先祖」という「集合的なたましい」のなかに組み込まれてしまう。この最終的回忌を「弔い上げ」などというが、これは死者たち個々人についての記憶が途切れる時期とおおおむね重なっている。つまり人びとの記憶から死者の記憶が消え去ったときが、いわばその人の「たましい」の消滅であった。これを乗り越えて百年後、二百年後、未来永劫までその「たましい」を存続させようとするならば、その人についての記憶をしっかり保ち続けるための装置が必要であった。

こうした「記念・記憶装置」という機能に気がつけば、自分がこの世に生を受けたことを幾世代も後の人びとにまで伝えたいと思ったならば、生前から死後には「神」として祀られたいものだと思う人がいてもおかしくはない。実際、強大な権力を獲得した豊臣秀吉や徳川家康は、生前から死後に「神」に祀られることを望んでいたという。

しかし、どんなに生前に自分が死後に「神」になることを望み、また末永くその「神社」が存続することを望んだとしても、そのような「人神」を祭祀しようとする人びとがいなければ、その「たましい」は生き続けることができない。祀り続けよう、記憶し続けようと思う人たちがあっての「たましい」なのである。

人を神に祀る習俗のいま一つの整理の視点にも触れておこう。それはこの信仰の担い手に関するものである。為政者が自分たちの政治を運営するのに役立つと考えて、積極的に人神系の神社を創建していくことがあった。この傾向は明治初期に顕著に現れた。政府の手でたくさんの神社が建立されたからである。そのような神社はいわば明治国家イデオロギーの具体化の一環を担った神社であった。それは「別格官幣社」という特別の名で総称された。その先陣をきったのが、楠正成（楠公）を祀った湊川神社であった。

これに対して、政争に敗れた側からも、あるいは民衆の側も人神を創り出し、ときには為政者が民衆の動きに押され人神祭祀の主体にさせられるというようなこともあった。「佐倉惣五郎」を祀った「宗吾霊堂」や「西郷隆盛」を祀った「南州神社」等々、その性格はかなり異なるが、いずれも民衆が深くその人神化にかかわっていた。

ところで、さらに別の視角からの類型化もおこなうことができる。祭神が複数すなわち集合的なものであるかどうかという点である。

これは、従来あまり考慮されることがなかったが、靖国神社の問題を考えるときにはとりわけ重要な点であると思われる。たとえば、一度に多数の死亡者が出るというような大事件としては、地震や洪水などの天災、火災、交通機関の大事故、大規模で危険を伴う工事、そして一揆や戦争を挙げることができる。そして、そのような出来事の犠牲者はその「たましい」を慰めるため関係者によって追悼供養がおこなわれ、さらにはその「人神」化もなされることがあった(3)。

多様な人神祭祀

死者の「たましい」（霊）を「神」に祀る事例は枚挙のいとまがないほどある。とくに「怨霊」を「神」に祀り上げて鎮めたという事例は多い。人神祭祀信仰はその点が強調されてきたといっていいだろう。しかしながら、近現代の人びとの心意のなかに息づいている人神祭祀の思想は、

「崇り神」系に直結するものは少なく、むしろ近世から隆盛してくる、「慰霊」もしくは「顕彰」系の人神祭祀の方につながると考えられる。靖国神社を支える心意も、おそらくそうした広い意味での「慰霊・顕彰」系の人神祭祀と接合しているからであると思われるのである。

ところで残念ながら、靖国神社の「祭神」の問題を考える場合もきわめて重要と思われる、この種の人神祭祀に関するまとまった調査・研究が皆無に等しいのだ。以下では、限られた先行研究と私自身の調査結果を織り交ぜて、靖国神社の問題を考えるために参考となると思われる事例をいくつか紹介する。

最初に紹介するのは、私自身が調査をおこなった高知県香美郡物部村の山間の集落のいくつかで、今日もなお続けられている、いささか特殊な「人神」祭祀習俗である。その特徴は、遺族が宗教者の独特の作法に従って先代の当主の「たましい」（ホトケ）を改めて「神」に祀り上げるという点にある。

物部地域の旧家では、特定の人物は、死後、「神」にすることが決まりとなっていた。この「神」は「みこ神」と総称され、その「祀り上げ」は、やはりこの地域で生まれ育った人びとが修得した「いざなぎ流」と称する民間信仰に従って執りおこなわれる。その専門家＝宗教者を「太夫」という。この祭儀は、「みこ神の取り上げ神楽」と呼ばれる儀礼とその数年後におこなうのが望ましい「みこ神の迎え神楽」、の二段階構成になっている。みこ神になる資格を有している者は、旧家の家の当主、大工や鍛冶屋、西山法という狩猟法を伝えていた猟師、さらには各種神事にかかわっていた太夫である。現在おこなわれている「みこ神」祭祀は、旧家の先代の当主もしくは太夫を神に祀り上げるという場合がほとんどである。

「みこ神祭祀」は、旧家で祀る「天の神」や「御崎様」などのための「家祈祷」と称する大規模な祭儀の一環としておこなわれる。もっとも、実状は、この「みこ神」祭祀をするために、「家祈祷」をおこなっているといった方が正しいだろう。この「家祈祷」の全体像については、いくつかすでに調査報告があるのでそれにゆずることにしたい。

物部村では、江戸時代から現代まで、ほとんどの村人は福泉寺（曹洞宗）の檀家となっていた。しかしながら、葬儀の一切は死者を出した家で集落の人びとがおこない、交通が不便だったということもあって、この寺の僧侶が葬儀に同席することはまれであった。すなわち、集落内で死者が出たとき、使者を立てて、その旨をこの寺に報告し、死者の供養、過去帳への記載、戒名を記した位牌の授与などをしてもらって戻ってくるというのが一般的であった。こうした江戸時代の檀家制度の影響もあって、村人は人間は誰でも死んだ後、僧の供養を受けて「ホトケ」になって墓に埋葬されていると考えてきた。

いざなぎ流太夫の説明によれば、「新《あら》みこ神の取り上げ神楽」は、旧家の新当主の求めに応じて、墓に「ホトケ」となって眠る先代の「たましい」を、墓から呼び招き、旧家の天井裏に「みこ神」として祀り上げ、天井下で生活する子孫を見守ってもらうためにおこなうのだという。第一段階の「みこ神の取り上げ神楽」は、人間でいえば誕生に相当するといい、「みこ神の迎え神楽」は、そのみこ神が成人（成神というべきか）するための祭儀に相当し、祭神名を決定し、恒久的に天井裏に祭祀することになる。この儀礼を受けることで、寺から授与された位牌や戒名は廃棄される。

この儀礼で留意したいのは、檀家制度のもとで、死者のすべてが「ホトケ」になることが義務づけられていたが、「みこ神」になることができる者は、家の当主というきわめて限定されていた人物であり、しかも一見したかぎり「先祖祭祀」という印象を与えるが、その実、強調されているのは、先代当主（祭祀される者）と現当主（祭祀する者）という限られたものであった。先代の「みこ神」祭祀が終了すれば、その後はこの「個人」を対象とした祭儀はない。したがって、仏教の法事（回忌）のような亡くなった人を想起し記憶を新たにする機会がない分、個人としての先祖の記憶を相対的に早く失っていくことになる。物部村では先祖の記憶遡及深度がきわめて浅い。その原因も、こうした祭儀と関係しているのかもしれない。

次に紹介するのは、亡くなった人の「徳」を顕彰・記念するために、その死者の「たましい」を、遺族以外の人たちが「神」に祀り上げる事例の一つである。神社は「葦湖水神社」、祭神は友野与右衛門他四名、祀り手は彼らの恩恵に浴したと考える農民とその精神の継承者である。

寛文一〇年（一六七〇）、箱根の芦ノ湖から静岡県駿東郡一帯にわたる日本最大の灌漑水道「箱根用水」が完成した。この用水は、七四〇間にも及ぶ地下トンネルを中心としている点に特徴がある。これに関して次のような伝承が伝えられている。

寛文三年、江戸は浅草の町人友野与右衛門が、地元の駿東郡の庄屋たちの相談に応じて、大用水開設計画を立て、箱根権現社に、毎日勤行を誓うとともに、水道を作って新田を開発し、その取水高のうちの二百石を箱根権現に永代奉納することを約束し、幕府にその旨を願い出た。これに感銘した箱根権現の別当快長僧正も、自ら幕府に許可を誓願するなどの努力を惜しまなかった。幕府の許可はなかなか下りなかったが、寛文六年、ついに許可が下り、トンネルの西口の深良村から第一鍬が大地に打ち込まれた。工事は友野家に伝わる武田流軍学の築城技術によっておこなわれ、東西両側から同時に掘り進められ、トンネルがつながったときの誤差がわずかに三尺ほどしかなかったという。慶安の変の直後ということもあって、天領でしかも幕府からの補助を受けることなくおこなわれたこの工事に、幕府は警戒し、友野与右衛門は何度も召喚・逮捕され過酷な訊問を受けたという。また、一部の農民の反対もあった。しかし、彼を支持する農民に支えられて、工事は続けられ、七三四〇両もの巨額な費用を投じて、寛文一〇年に完成した。しかしながら、完成後まもなくして、さしたる理由もなく友野ら工事指導者は幕府に捕らえられて、処刑されてしまったという。

こうした伝承をふまえて、その後、箱根用水の恩恵を受けた各村の農民が、処刑された五人の工事指導者の「霊」を祀る「小祠」を建立し、明治八年には村社となった。明治三五年には、社殿や社号標が新たに作られたのであった。

この五人の「たましい」を小祠に祀り上げるにあたって、遺族の許可を求めたかどうかは定かでない。しかし、おそらくは遺族にその旨の報告があったことは、他の事例から推測することができる。また、この小祠建立にあたって、主として遺族がそれぞれ礼拝・管理していたと思われる五人の墓地は、廃棄されることなく、維持され続けたと思われる。すなわち、五柱の「神」は、「神」となる一方で、なお「ホトケ」でもあり続けたわけである。この「人神」は、「慰霊・顕彰」系の「人神」であるとともに、民衆サイドからの「集合神祭祀」(合祀)タイプの「人神」であった。

次に紹介するのは、明治の三傑と称された西郷隆盛の事例である。維新後、朝鮮に対する外交方針をめぐって、岩倉具視や大久保利通らとの政争に敗れ、明治六年(一八七三)、政府の要職をすべて辞して、故郷の鹿児島に帰った。そこで私学校を設立して、師弟の教育に務めていたが、各地で起こっていた士族の反乱に呼応する師弟の動きに巻き込まれて決起せざるをえなくなり、最後の内戦ともいわれる西南戦争を起こした。しかし、装備・兵員ともに差のある政府軍との戦いは、勝敗が目に見えていた。敗走を重ねた末に、西郷らは鹿児島の城山に籠もって最後の戦いに臨み、自刃して果てた。西郷の死の直後から、地元をはじめとして全国的な規模で西郷崇拝が生まれ、これとほぼ並行するかたちで、西郷への思慕や供養の気持ちを行為で示すための聖地が、西郷の墓地を中心に形成されることになった。西郷をはじめとする諸将の遺骸は、検屍後、近くの浄明寺境内に埋葬され墓標が立てられた。その後、「参拝所」が設けられ、明治十六年には、九州各地で戦死した薩摩軍の遺骨も集められて、この墓地に納められた。大正二年(一九一三)には、参拝所を改築して「南州祠堂」と称した。さらに大正十一年には、この祠堂を発展させるかたちで、墓地とは一線を画する「南州神社」が創建されるに至った。その原動力になったのは、西郷の偉業・遺徳を思慕・崇敬する人びとであった。「南州神社」には、西郷を主祭神とし西南戦争で戦死した将兵が合祀されている。

これまでの事例は、亡くなった人の「たましい」を「神」に祀る事例であった。これに対して、以下で紹介するのは、生きている人の「たましい」を「神」に祀るという人神祭祀である。この貴重な研究報告をおこなったのは加藤玄智で、彼はこうした人神祭祀を「生祠《せいし》」と呼んでいる。

この習俗は、近世後期から近代初期に盛んであった。そのほとんどすべてが「徳」を顕彰・賞賛するためのもので、「神」になった者は、藩主・天皇から、名主、職人にまで及んでいる。

天保十一年十一月、庄内藩主酒井忠器《ただかた》に、寝耳に水の、越後・長岡への転封の命が下った。藩主の徳政、とくに現藩主を慕う領民は仰天し、領地替えに反対する一揆を起こした。いわゆる「三方領知替え」反対一揆である。さまざまな方策を通じて領地替えの撤回を訴え、ついにこの一揆は成功し、翌年の七月に幕府は領地替えの命を取り消すことになった。この一揆は、その一部始終が絵巻で残されていることで有名であるが、じつは、この藩主が存命中にすでに「神」と崇められ、嘉永五年の建立の「若宮神社」（現酒井神社）の祭神となった。一揆関連の絵にも、「酒居大明神」と書かれた幟を描いたものがある。生祠の発端は、一揆集結直後に、一揆衆が椙尾神社に集まり、百姓作兵衛なるものが中心になって言い出されたことにあり、嘉永十一年にはその勢いが盛んになって、ついにすでに隠居となっていた忠器とその現藩主の忠発《ただあき》を合祀する神社が建

万國屋於土蔵二階、磯部屋庄次郎御百姓打寄の旗を染る図（『夢の浮橋』酒井神社蔵）

立されることになったのである。

もう一例、「生祠」の事例をあげておこう。明治神宮が政府の手で建立される以前、天皇が存命中に、明治天皇を祀った小さな「神社」（私祭神社）がいくつか存在していた。

明治九年（一八七六）六月、明治天皇は東北を巡行し、松島にも立ち寄った。そのとき、石巻港の小西九兵衛という者が御用船を献上した。船は使用後に小西に下賜された。感激した九兵衛は、その船を解体してその材を保存するとともに、模型の御用船を作り、そこに明治天皇の「みたま」を納める「みたましろ」（御霊代）のごとくに尊崇した。また、自宅の庭の一隅に、小祠を建立し、明治天皇を祀った。その後、明治天皇が亡くなったときに、小祠を「明治神社」と称した。

明治藩閥政治家の一人である松方正義公爵

も、大正八年、八五歳のときに、日田県知事を務めたことがある縁から、大分県日田町に「頌徳碑」を建立する計画が持ち上がったが、これが挫折したのち、日田町亀山公園内の日隈神社境内に「松方神社」（私祭神社）として祀り上げられた。政治家としての評判は芳しくなかったのだが、かれの徳を敬慕するあまりの結果であったという。本人は参拝することはなかったが、その息子が父の存命中にこの神社を参拝している。

以上、まことに多様な「非怨霊」系の人神祭祀を見てきたわけであるが、このような祭祀から、私的には、祀りたい人があれば誰でも、その「たましい」を祀ってもかまわなかった、ということが浮かび上がってくる。天皇や貴族の「生霊」であっても、庶民は私的には祀ることができたのである。たしかに、人の「たましい」の祭祀はその子孫がするのが好ましいという傾向があった。しかし、遺族以外でも、人の「たましい」を勝手に祀れたのである。その意味では「たましい」の祭祀・管理は特定のカテゴリーの人に限定されていたわけではなかった。近代の初頭にあっては、私的にであれば、神社をつくって誰の「たましい」でも祀ることができた。したがって、その思想の延長上として、国家もまた祀りたい人物の「たましい」を勝手に祀ることもできたわけである。

最後に、以上のことをふまえながら、靖国神社の前史を形成している祭祀を見てみたい。

大名たち政治的支配者は自分がおこなった戦争の犠牲となった配下の将兵をまとめて追悼する祭祀をおこなっていた。その祭祀形式は仏教形式によるもので、このような場合、特定の祠宇を

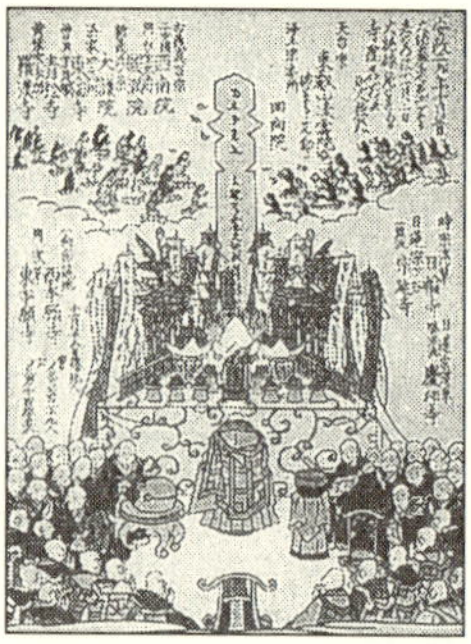

地震死者施餓鬼図（鯰絵）

焼死大法会図（鯰絵）

建立しないのが一般的であった。地震や洪水などによる大量の犠牲者の追悼も、同様であったらしい。たとえば、安政二年十月二日、江戸を襲った大地震の犠牲者のための大施餓鬼がおこなわれたことを物語る刷り物（瓦版）がある。これによれば、一カ月後の十一月二日、天台宗では東叡山凌雲院と浅草寺で、浄土宗では本所の回向院で、といった具合に、各宗がそれぞれ死亡者の供養のための法会をおこなっている。この日、大施餓鬼をおこなったのは、この他に、古義真言宗では二本榎の西南院と白金台の円満院、新義真言宗では大護院、済家宗では品川の東海寺、曽（曹）洞宗では貝塚の青松寺、黄檗宗では本所の羅漢寺、時宗では浅草の日輪寺、日蓮宗一致流では下谷の宗延寺、同勝劣流では浅草の慶印寺、一向宗では築地の西本願寺と浅草の東本願寺であった。おそらく幕府の指示によるものであろう。その後、犠牲者を恒常的に祭祀するための施設は設けられなかったようである。また、別の刷り物には、犠牲者の亡霊を慰めるための法要が町内などでおこなわれていたと思われる様子が描かれている。

忠魂社の発生と靖国神社前史

ところで、長州藩では、ペリー来航に先立つ嘉永四年四月、藩主毛利敬親が、藩史上の中烈の臣を偲び、菩提寺の臨済宗洞春寺に供養を頼んだ。また、十月には、藩主に忠誠を尽くし、戦場その他で死亡した者の名前や死亡の場所などを可能な限り過去にさかのぼって調査し、嘉永六年、その結果を過去帳として洞春寺に納め、仏教式の追悼・顕彰の祭祀をおこなった。

このように、長州藩では長らく臣下の供養を「仏教式」でおこなっていたのであるが、国学者たちの影響を受けた結果、それを「神道式」に変えることになる。幕府等との戦争によって多数の犠牲者を出したために、藩は戦没者を手厚く葬る必要に迫られ、攘夷実行後の文久四年（一八六四）に「招魂社」の建立を決めた。その後、長州藩は戦場となった所などに招魂社を設けるとともに、洞春寺での法要もおこなった。幕末までに招魂社を設けたのは、長州藩のみであり、その数は十六社に上る。

注目すべきことに、そのなかには、攘夷派の公卿で、長州に亡命中に病没した錦小路頼徳を祀る霊社（阿賀都麻社、のちに赤妻招魂社）や逃亡先の長州で暗殺された天誅組の指導者中山忠光を祀る霊社（中山社、のちに中山神社）があった。

これとほぼ並行するかたちで、孝明天皇は尊攘派の要請に応じて、国事殉難者のための招魂祭を命じ、各地で私祭としての招魂祭がおこなわれた。この運動が発展して、文久二年、京都の東山の、吉田神道式の全国的な神葬祭施設「霊明舎」で、国学者の主導による「報国忠志」の「招魂祭」がおこなわれるに至った。さらに、文久三年には、京都の祇園社の境内に小祠を建て、私祭のかたちで、三条実万・徳川斉明以下六四名の殉難者の「たましい」を祀った。

慶応四年、明治新政府は、国学者やその影響を受けた尊皇派によって、「尊皇忠臣」のシンボルとして国学者たちに見出されていた楠公を追悼・顕彰するための祠宇の建立と、国事殉難者のための祠宇の建立を計画し、明治三年、楠社造営と国事殉難者のための祠宇造営の布告が出された。前者の場所は楠公の墓所、後者の場所は殉難者が多数葬られていた東山の墓所であった。

明治二年、新政府は、なお内戦は継続していたが、その戦意高揚の効果も狙って、東京への事実上の遷都を契機に、東京にも「招魂社」を建立する旨の布告を出し、現在の靖国神社の地に社地を求め、同年、仮殿の造営後、諸藩主列席の前で、「招魂祭」が執りおこなわれた。ここには、鳥羽伏見の戦争から函館の戦争までに戦死した忠臣の「たましい」（集合神）が祀られた。この「東京招魂社」の後身が「靖国神社」である。

靖国神社は、戦前の国家神道という国教の体系なかで頂点に位置する立場にあった。そして、それは、その前史が物語るように、支配者が遂行する戦争による戦没者の「鎮魂」（慰霊）と「顕彰」を目的とした「神社」であった。しかも、その戦没者は支配者（＝国家）にとって「忠臣」とみなされた戦没者であった。

誰が「たましい」を管理できるのか

さて、こうした「招魂社」＝「靖国神社」を、これまで紹介してきた、多様な「人神」祭祀のなかに置き直すと、どういうことがいえるだろうか。

従来では、戦没者や災害のたくさんの犠牲者の追悼・顕彰のための方式は、「招魂社」という戦没者祭祀の先駆を作り出した長州藩が、また多数の死者が出た安政大地震の場合がそうだったように、仏教式でおこなわれてきた。

この仏教式の追悼祭祀は、十分な鎮魂・供養を施さないと死者の「たましい」が祟るかもしれないという伝統を継承しつつも、「祟り」の属性が希薄になった、「ホトケ」になることができずに冥界をさまよわないようにするため、「たましい」の「嘆き」や「悲しみ」「苦しみ」を「いやす」ためのもの＝現世への執着の切りはずし、つまり「慰霊」行為であった。そして、そうした行為は残された者たちにとっては、死者との関係が切断されたことからくる「嘆き」や「悲しみ」「苦しみ」を「いやす」ためのもの＝死者への執着の切りはずし、つまり「自分たちの心（たましい）を慰める」行為でもあった。

幾度かの追悼の法要は、死者を思い出すための装置であったが、死者を忘れるための装置でもあったのである。この仏教式による戦没者や災害死亡者の法要は、今日でもなお継承されている習俗・伝統であるといっていいだろう。たとえば、東京都慰霊堂はこの形式を踏襲したもので、都の管理する慰霊堂を、財団法人である東京都慰霊協会が利用する形で運営されている。招かれる仏教者もボランティアで特定の宗派に限定されていない。

一方、近世に入って、これと並行して、こうした仏教式の死者祭祀（供養）とは異なる死者祭祀が広く民衆のなかに浸透してきた。その背景には、豊臣秀吉を祀った豊国神社や徳川家康を祀った日光東照宮の創建、いいかえれば、政治的権力を背景にそれを可能にしていった吉田神道家の努力があったと推測される[4]。

この死者祭祀は、仏式の死者祭祀にはなかった、この世において偉業をなしたと思われる者を「顕彰」しかつその名を後世まで「記憶」するための装置＝「祠堂」を創出する祭祀であった。それはいわば「英雄」崇拝・「生き神」崇拝ともいえるものであった。

この種の祭祀の先駆となる宗教施設がなかったわけではない。政治的有力者や有力者の墓（遺骸埋葬地）は、「霊屋」とか「廟」などと称して、特別な扱いを受けていた。さらに廟墓を管理する寺院も存在していた。そして、これらの多くが明治になって「神社」に衣替えした。さらに、仏教の場合、廟墓から切り離された、開山上人や高僧の画像や彫像を祀った堂もあった。これもまた、「人神」祭祀の先駆的形態であったといえよう。

近世後期には、民衆のなかでも、民衆にとっての「偉人」「英雄」を顕彰・崇拝し記憶し続けるための小さいながらも祠堂を建立することが流行し、氏神社の末社などというかたちをとりながら、命を賭して英雄的な事業を成し遂げた者の祠堂の建立が相次いだ。遺族が管理している墓所から、遺族に規制されない公共性の強い崇拝・宗教施設（祀りたい人びと・崇拝したい人びとの施設）に転換するためには、「神社」の方がふさわしいとみなされたのである。たとえば、西南戦争で敗れた西郷隆盛と薩摩軍の戦没者を祀る「南州墓地」と「南州神社」の発展のプロセスに、その様子はもっともよく描かれている。(5)

私がもっとも重要だと思っているのは、この、遺族による「たましい」の祭祀を切り離す機能である。墓に眠る「たましい」は、遺族の管理下にある。だが、「祠堂」に招かれた「たましい」は、祀りたい人びとの管理下に置かれるのである。

こうした日本人の「人神」祭祀の歴史をふまえながら、「招魂社」は立ち上がってきたのであった。くりかえすが、当初は、長州藩の戦没者祭祀は仏教式でおこなわれていたのだ。従来の方式に従っていたわけである。やがて、国学者の強い指導や民衆のあいだに見られる「人神」祭祀を参照しつつ、戦没者の墓所（埋葬地）から切り離されるかたちの「祠堂」として、「招魂社」が作られるようになる。戦没者の「たましい」を遺族の意思・管理から切り離して、祀りたい人たちが管理できるようにするためであった。それでも、京都・東山の「招魂社」は幕末の政争で命を落とした尊皇派志士がたくさん埋葬されている墓所に社地を求めた。しかし、東京に造営された「東京招魂社」は、墓所とはまったく切り離された、祀りたい人たち（国家の指導者たち）が祀る神社に変貌していた。

一九四一年、ときの靖国神社宮司鈴木孝男は、「靖国神社に就て」（『偕成社記事　特号（部外秘）』

第八十号）に、こう書いている。「この斎場に於けるところのお祭りは、人霊を其処にお招きする。この時は人の霊であります。一旦此処で合祀の奉告祭を行います。そうして正殿にお祀りになると、そこで始めて神霊になるのであります。之はよく考えておきませんというと、殊に遺族の方は、そのことを考えませんと、何時まで自分の息子という考えがあっては不可ない。自分の息子じゃない、神だというような考えをもって戴かなければならぬのです……」。

ここには、遺族と管理する墓所の「たましい」と「祀りたい側」（国家）が管理する「たましい」の切断、つまり「遺族」が「息子のたましい」を国家の手に奪い取られていくプロセスが描かれている。やっかいなことに、人は誰でも、祀りたい人の「たましい」を遺族の意思に無関係に祀ることができるというのが、近世からの習俗となっていた。

靖国神社は、習俗（民間伝承）としての死者祭祀や「人神」祭祀の延長上に生まれてきたといえるだろう。人生半ばにして死んだ者たちには「慰霊」をおこなわなければ落ち着かないという心性に働きかけているのだ。しかし、同時にその習俗を継承・利用しつつも、両者の間には深い断絶もある。近代国家・軍隊の要請に応じて新たな役割も付け加えられていったからである。それは戦没者の「たましい」は国家が管理する（慰霊・顕彰する）という、国家神道の中枢となるという役割であった。民衆が自分たちのために尽くしてくれた者を「慰霊」し「顕彰」し「記憶」したいがためにおこなった民衆的な「人神」祭祀の祀り手の位置に、国家が滑り込んできたのだ。「人神」とは誰にでも祀れるものである——それが靖国神社にも底流する「神」（たましい）の特徴であるのではなかろうか。(6) そのあたりのことをさらに詳しく腑分けすることで、錯綜する靖国神社問題を整理する手がかりを得ることができるはずである。

付記　本稿は、国際日本文化研究センターでおこなわれた国際シンポジウム「日本人の価値・規範意識とヒストリオグラフィー――歴史学と民俗学」(二〇〇二年一月十六日)のために用意した草稿にもとづいている。

注

(1) 仏教における「人神」祭祀は、開山上人や中興上人、あるいは高僧の遺業を記念するための装置としての堂や廟墓、上人像に見ることができる。たとえば、天台宗の座主の廟墓の入口には、鳥居が立っている。これは神仏習合の名残であるとともに、人神祭祀を物語るものでもある。

(2) 「慰霊」という言葉が誰によっていつ用いられることになったのかは定かでない。この語が広く世間に流通することになったのは、戦後のことで、日本遺族会がしきりにこの語を多用しているのが注目される。関東大震災の死者を「慰霊」するために建設された「東京都慰霊堂」は、空襲で亡くなった人たちの「霊」をも合祀して、この名称に改めるまでは、「震災記念堂」と称し、その発端は宗派を超えておこなわれた仏教式の供養堂にあった。戦前の辞典には、「慰霊」の語句を見出すことができない。これに相当するのは「招魂」「弔魂」などであろう。

(3) 天災や戦争の犠牲者を悼む行為は、一般的には、仏教式の「供養」という形でなされてきた。関東大地震の犠牲者の追悼も、この追悼形式を踏襲したものであった。

(4) 戦没者祭祀には、国学者が深く関与していた。東山の「霊明舎」でおこなわれた「神葬祭」の創出もその一つである(村上重良『慰霊と招魂』参照)。

（5）南州神社のような「人神神社」の祀り手（氏子）は、遺族ではなく、彼の偉業を顕彰したいと思っている人たちによって組織された「団体」（たとえば、顕彰会）である。したがって、この顕彰会が消滅すれば、この神社は祀り手を失うことになるが、この神社を管理する神職が、顕彰会という祭祀団体を失った後でも、その裁量でその神社を維持することも可能である。ここにも、「たましい」（祭神）の管理者は誰かという問題が覗き見えている。

（6）大江らが指摘するように、国の靖国の下位には、護国神社や郡町村の「靖国」としての忠魂碑があった。そのレベルでの祭祀には、なお神仏混交が生かされていた（大江志乃夫『靖国神社』参照）。

参考文献

梅野光興『いざなぎ流の宇宙』一九九七年、高知県立歴史民俗資料館。

大江志乃夫『靖国神社』一九八四年、岩波書店。

加藤玄智『本邦生祠の研究——生祠の史実と其心理分析』一九三一年、明治聖徳記念学会。

小松和彦『神になった人びと』二〇〇一年、淡交社。

佐藤　隆『箱根用水史』一九七九年、わかな書房。

神社新報社編『郷土を救った人びと——義人を祀る神社』、一九八一年。

村上重良『慰霊と招魂』一九七四年、岩波書店。

田中伸尚・田中宏・波田永実『遺族と戦後』一九九五年、岩波書店。

田中惣五郎『西郷隆盛』一九八五年、吉川弘文館。

宮田　登『生き神信仰——人を神に祀る習俗』一九七〇年、塙書房。

——『民俗宗教論の課題』一九七七年、未来社。

宮田登・高田護監修『鯰絵——震災と日本文化』一九九五年、里文出版。

柳田國男「人を神に祀る風習」『定本柳田國男集』第5巻、一九六九年、筑摩書房。

Ⅱ　民俗学の視角

「民俗調査」という旅

旅の二類型

旅に出る――それは、自分が住んでいる場所を離れ、遠くの土地に出かけることである。旅の目的によって、その接触の仕方は違ってくるが、その途中で、あるいは目的地で、旅人はその土地土地の人びととなんらかの接触をするはずである。いや、接触せざるをえなくなるはずである。道を教えてもらうために、水をもらうために、食べ物をもらうために、そしてその他の欲しいものを分け与えてもらうために。しかし、ホストとなる人びとは、旅人に教えたくなければ、分け与えたくなければ、旅人の求めを拒絶できるし、場合によってはその見返りとして法外な金品を要求するかもしれない。運が悪ければ、親切さを装って路地や家や店のなかに案内されて身ぐるみをはがされてしまうかもしれないのだ。

日本ではもうそうしたことはなくなってしまったが、日本を離れて異国に旅をした経験のある人ならば、上述のどれかにあてはまるような経験を一つや二つはもっているだろうし、またそうした状況にいつおちいるかもしれないという不安をいだきながら旅をしているはずである。

では、なぜ旅をするのだろうか。本人にもはっきりその理由を表現することができない旅もあるだろう。商売のためにという理由をもっている場合もあるだろう。しかし、はっきりしているのは、いずれにしても旅に出ることによって、多少の危険はあっても自分を豊かにしてくれるモノを得たいからである。なにかを体験したい、なにかを得たい。もっとはっきりいえば、自分の「欲望」を満たしてくれるものに出会いたいから、つまり広い意味で自分の「利益」になると思っているから、旅に出るのである。

旅には、二つのタイプがある。たくさんの場所を訪問したがるタイプと、気に入った場所を集中的に訪問するタイプである。

前者は、表層的であるが、とにかくたくさんの場所を知ることができるということが特徴であり、後者はその場所を詳しく知っていることが特徴である。それが旅人の欲望を満たすわけである。前者を巡歴・移動型の旅、後者を一点集中・定着型の旅とよぶことができるであろう。「欲望」を満たすということは、なにかを「得る」ことであり、それは「所有する」ということである。「知る」とは、その対象物を「所有する」ことの一形態なのである。どんな理屈をならべようとも、そうでない「知識」など存在しない。

たとえば、私が安藤広重によって表象された「東海道五十三次」の絵の一つを見る。その「風景」に興味を抱き、それを記憶する。それはその「景色」を「所有する」ことである。広重が「所有」する風景を、自分もまた「所有する」ことになるのである。そして、その「風景」に誘われて、その風景の描かれた現場に赴き、私はそこで広重の絵と同じような角度から風景を楽しむかもしれない。それは私の脳裏（知識の収蔵庫）のなかにあった私の「所有物」としての「風景」を、体験を通じて確認し「再所有」する行為である。そして、現代ではカメラでその「所有」を確固たるものにするために、写真に写し撮るはずである。あるいは絵はがきやその他の「所有」のしるしを購入するにちがいない。おそらく、そのような「再所有」のための典型的な旅行が、「観光」という名の冠された旅なのであろう。

いまや旅行といえば観光旅行がまず想起されるようになってしまったが、旅にもいろいろな種類があった。それに応じて旅の性格も異なっていた。既知の「知識」を再確認する旅だけではなく、未知の事柄を発見し、これまでの「知識」を修正したり、新たな「知識」を「所有」することを可能にする旅もあるからである。

民俗学的な旅

民俗学における調査も、基本的にはそうした旅の一角を占めるものである。民俗学の旅も「知る」ことを目的としているからである。しかし、民俗学的調査旅行は「民俗学」という枠をはめられている旅である。民俗学者たちは、民俗学という学が抱く欲望を満たすための、民俗学に貢献するという意味での「利益」を求めて旅をするのである。

もちろん、その根底には、民俗学以前の領域に属する個人的な欲望があることはいうまでもない。しかし、そのような「欲望」を刺激し、「表現化」（表に現れる状態にする営み）する媒介になっているものが、「民俗学」というラベルを張られた表現媒介装置である。すなわち、民俗学者の「欲望」は「民俗学」という枠組みの内部から立ち上がってきた、個人的なあるいは集団的な欲望というかたちをとっている。つまり、「民俗」を「所有」するための旅が、民俗学的な旅である。それを、民俗学では「民俗調査」と呼んでおり、その結果得られた膨大な知識が、民俗学というラベルを貼られて図書館や民俗学者の研究室や書斎に蓄積されているのである。

では、「民俗」とは何なのだろうか。なぜそれは民俗学者の知的欲望を刺激するのだろうか。なぜ彼らを民俗調査にいざなうのだろうか。

ここでいう「民俗」を、とりあえず、人間の文化のうち「民俗」として囲い込まれた「文化」である、としておこう。そしていまは、この「民俗」の中身についてはくわしく議論しないでおこう（詳しくは本書の第I部を参照）。さしあたって、おおかたの民俗学者の了解を得られる、農業や漁業を生業としてきた村落共同体の人びとが担ってきた「文化」とだけ理解しておこう。ともかくも、かつて民俗学が生まれてきた時代には、そのような文化の領域が存在しているとみなされていたからこそ、民俗学が生まれてきたのである。

民俗学が研究の対象としてきた「民俗」とは、そこに生きている人間によって記憶されていたり、実践されている「文化」であるとされてきた。もちろん、過去の人びとが担っていた「民俗」もある。もはや現在の人びとには、実践どころか記憶にさえ留められていないような「民俗」、辛うじて昔の人びとが書き残した文書類にしか残っていないような「民俗」もある。たしかにそれも民俗学の対象である。しかし、それはしばらく前までは民俗学では周辺的なものであって、民俗学の中心に位置するものではなかった。

民俗学という学問は、生きている「民俗」を扱う学問である。そのような「民俗」は、研究室では知ることができないものであり、したがって、それが生きている現場におもむかなければ、「知る」ことができないものであった。たとえば、高知県香美郡物部村（私の民俗調査地）で、どのような葬式がおこなわれているかということを知りたくても、図書館の文献のなかからその詳しい様子を記述した文献を探し出すことができなかったのである。したがって、その葬式を知りたければ、そこに出かけて聞き取りや観察によって「知る」必要があったわけである（もっとも、数年前に、私がかなり詳しい調査報告を書いたので、いまでは図書館で「知る」ことができるようになっている）。すなわち、民俗学は、そうした生きている「民俗」の調査報告が次々に蓄積される過程と並行して発展してきたわけである。

言葉をかえていえば、民俗学は生きている「民俗」との対話のなかから、つまりそれを担っている人びととのコミュニケーションのなかから生まれ、そのなかで育ってきたわけである。

ここで注意しなければならないのは、現在では、まず最初に調査地があるのではない、ということである。民俗学という学問があり、その学問の内部における諸課題があり、その諸課題を解決するために生きている「民俗」の調査が必要になり、民俗学者は調査に出かけていくのである。もし、机上で解決できるような課題であれば、調査に出かける必要はない。図書館で事足りるような「発見」しかできないような調査もまた、調査に出かける意味がない。調査に行かなければ解決しえないような問題を解決するための情報を求めて、そしてさらには新たな「問題」の発見を求めて調査に出かけるのである。「知りたい」「見たい」「体験したい」、つまりはその「民俗」を「所有したい」という強い欲望が、民俗学を支えているわけである。そうして得た「知識」の集積が、民俗学を支えているのである。

ところが、ここで大きな問題がいくつか生じることになる。その一つは、「民俗」を調査するためには、それを担っている人びとと接触しなければならない、ということである。彼らと接触しなければ「民俗」を知ることができないのだ。

そこで、知りたい情報を獲得するためにどのように接触したらよいのかとか、効率的で生産的な調査法は何かとかいったことが問題になってくるわけである。

民俗調査の二類型

興味深いことに、旅一般に二つの類型が見られたように、民俗調査の旅にも、巡歴・移動型の民俗調査と、一点集中・定着型の民俗調査の二つのタイプが見られる。この類型はあくまで類型であって、たとえば、ある民俗学者が、若いときは一点集中・定着型の調査をしていたが、晩年は巡歴・移動型の調査を好むということもある。そのことを承知した上で、この二つの類型の特徴をみてみよう。

巡歴・移動型の民俗調査は、民俗を構成する諸項目のうちでも特定の項目に限定した調査をする傾向がある。たとえば、正月の雑煮の餅のかたち、すなわち、丸餅か切り餅か、という調査項目を設定して、それの分布状態を知ろう、といったたぐいの関心に支えられていることが多い。その分布状態から、一定の「文化領域」や文化の「伝播の経路」や、自然環境の影響などを探ろうとするわけである。こうした民俗調査を支えているのは、ほどほどの類似とほどほどの差異をもった特定の民俗があるという事実と、一定の地域の文化史や日本列島の文化史の復元という大きな理論的枠組みである。

一例を紹介しよう。かつて、当時勤務していた信州大学の学生たちと一緒に、長野県下伊那郡上村の霜月祭りを見学していたときのことである。仏教民俗学の権威として知られていた五来重が教え子とともに祭りのクライマックス近くに姿を現した。彼は、「湯立て」の上に吊された「ビャッケ」(白蓋)を観察し、写真を撮り、それに関する情報を地元の人から得ると、「これから愛知県の花祭りの調査に向かうので」と言い残して、あわただしく立ち去って行った。

おそらく、五来重の頭のなかには、修験道文化の一要素としての「天蓋」の起源と展開、地方への伝播・浸透という大きな「民俗信仰文化史」の枠組みないし仮説があって、そのための民俗の発見、確認あるいは再確認のために「天蓋」が登場するとされる「民俗行事」を巡歴し、そのための一カ所が、私たちが見学していた上村の霜月祭りであったのだろう。

こうした民俗調査をおこなう研究者は、より多くの場所を巡歴し、特定の項目についてのより多くのデータを欲しがる傾向が強い。そのための効率的な調査が要求され、その結果、地元の民俗学者への調査依頼（代行調査）や地元の教育委員会等を通じてのアンケート調査というかたちをとることになる。どうがんばっても、年に一度の祭りを数十カ所にもわたって自分の足で見てまわることなどできないからである。地方の民俗学者に配布された「民俗調査項目」は、いってみればそのような限界を補助するための一種のアンケート調査であったといえるだろう。

こうした民俗調査をする研究者には、当然のことながら、生きた「民俗」の情報はたくさん欲しいが、それを担っている人びととはあまり深く接触したがらないという傾向がみられる。聞きたい情報を得るためであるにせよ、そのために、一地域で、何日もその伝承者の世間話などにつきあうことを、無駄な時間を過ごした、と思ってしまうのである。

さらには、このタイプの研究者には、自分が思い描いている解釈・仮説を支持するような情報を求めて巡歴・移動型の調査をしているので、地元の人びとが語ってくれる都合の良い情報は尊重するが、それに反するような情報が出てきた場合、「より古い」「より深い」「より正しい」意味づけ・解釈が、後世になって「歪められた」ものと解釈して無視してしまう、という傾向がみられる。

これに対して、もう一つのタイプである一点集中・定着型の民俗調査は、文字どおり、ある地域に長期にわたって住み込んだり、長期間にわたって通い続けて、その地域の現在の民俗文化を「内側」から「多面的」に把握しようと試みる。この調査では、たとえ最初は地元の人びとには予期しない迷惑な来訪者であっても、彼らと接触し、そこに住み込み、さらには特定の人とのあいだにさまざまな思惑が含まれた社会関係・友人関係を構築し、その関係のなかで、観察や聞き取りや、文書の提供を受けながら、じっくりと欲しいデータを探し出していくような調査である。このタイプの研究者にとっては、その地域の民俗総体が研究者の知的欲望を刺激するのである。かれらの生活のすべてを――もちろん、それはどんなにがんばったところで不可能なのだが――「知りたい」との欲望、その地域の「民俗」を、さらには「文化」総体を「所有」したいという「欲望」に支えられて調査しているのである。その結果、その研究者は詳細な「民俗誌」（村落誌）を記述することが可能となるはずである（もっとも、このタイプの調査では、ホスト側の人びとと調査者の間にトラブルが生じて、調査を断念しなければならなくなるかもしれないという危険をいつも抱えもっている、ということを忘れるわけにはいかない）。

しかし、このタイプの研究者の民俗調査報告は、たくさんある民俗報告のなかの一つ、すなわち、特定の地域に埋没することで得ることができた詳細な報告の一つでしかない。しかも、このタイプの報告書では、その調査で得られたデータが「民俗学」にとっていかなる意味を持っているのか、そのデータがその地域の住民や日本人、人類の理解にどのような点で意味があるのか、といったことについての思索やそのための理論や方法をもたなくとも、とりあえずこのタイプの民俗調査の報告書の作成が可能であるがために、たえず理論的・方法論的緊張感をもっていないと、何のための、誰のための民俗調査なのかといった事柄がすっぽり抜け落ちてしまいがちである。

最悪のケースは、そのなかから民俗学的な問題を発見することができないままに、誰かがこの報告の意味づけをしてくれるであろうという淡い期待を抱きながら、ただひたすらアンケート調査の変形である「民俗調査項目」を詳細に埋めるだけの調査をくりかえしていくことである。そのような情報の集積は、それだけでは、調査者自身のみならず、その地域の住民にとっても、ほとんど意味をなさないものである。

おそらく、民俗学における民俗調査は、この二つの民俗調査がときには対立し、ときには助け合うかたちで存在するのが好ましいのであろう。問題は、民俗学それ自体に、明らかにすべき課題があるかどうか、ということである。巡歴・移動型の民俗調査に従事するにせよ、一点集中・定着型の民俗調査に従事するにせよ、民俗学という学問が、あるいは民俗学者個人が抱えている解決すべき問題がなければ、民俗調査におもむいてもあまり生産的な成果を得ることができないのである。

私の民俗調査体験

ここで、私の民俗調査について少し語らせてもらうことにしたい。私の最初の民俗調査体験は、埼玉大学の学部学生時代に、当時、埼玉大学の助教授であった川田順造と助手であった友枝啓泰の両先生の指導でおこなわれた、秩父郡両神村の調査実習であった。まだ民俗学者や文化人類学者になろうなどとの思いをまったく持っていなかったので、自分自身の問題意識などないままに、ただ民俗調査というものがどういうものなのかを体験してみようという興味から参加したにすぎない。実際、男子学生も女子学生も一緒になって民家の離れで雑魚寝しながらの調査で、いわばサークルの合宿気分の調査実習であった。

先生や先輩に教えられたように、「埼玉大学の学生ですが、この村の昔の生活がどのようだったのかを調べています。よろしかったら、少しお時間をいただけませんか」とかなんとか言って、民家を訪問して回るわけであるが、民家に入れてもらっても、問題意識があっての調査ではないので、とくに聞きたいということがあるわけではなく、先輩たちが調べていた家族や親族のことを少し聞いたり、民俗学者の坪井洋文・井之口章次作成の「日本民俗調査要項」(『日本民俗学大系』第十三巻、平凡社、一九六〇年)から抜き出した、ちょっと興味のある民俗項目に従った紋切り型のぎごちない質問をする程度で引き上げてくるという状態であった。しかも、携帯用のテープレコーダーなどまだない時代であったので、数時間のインタビューでも、フィールドノートにはほんの少しのことしか記録することができなかった。的外れの質問をしたり、質問することが思い浮かばなくなってしまう場合が多く、いらいらしたインフォーマントから、「いったい何が聞きたいのかね」とお叱りを受けることもたびたびであった。したがって、それは民俗調査というにはほど遠い段階にとどまっていたといっていいだろう。両神村の方々には申しわけないが、それは調査ではなく、まさしく民俗調査の「実習」であった。

しかし、振り返ってみたとき、その「実習」はまことに有意義なものであった。この体験がなかったならば、私は民俗学や文化人類学の研究者にはなっていなかったと思うからである。そのときの私は、調査者としては体をなしていなかったが、インフォーマントの方々から聞くともなく語られる世間話の数々は、私の脳裏の奥底にしっかりと印象づけられるような興味深いものが多かった。キツネに化かされた話、神隠しにあった話、大入道の妖怪に遭遇した話、オサキの怪異、等々。同じ風景の村にもかかわらず、一週間前に調査に入ったときと、調査実習を終えて立ち去るときとでは、まったくといっていいほど、その風景が醸し出す雰囲気が異なっていたのであった。十分な時間とお金があれば、この村が私に投げかけた(と思われた)「謎」をじっくり読み解いてみたい、そんな印象を抱いたのである。民俗学を「学びたい」(所有したい)と思ったのは、それ以後である。もっとも、これ以後、両神村からはすっかり足が遠のいてしまったのだが……。

ところで、私は、民俗調査というものは一人でおこなうものだ、と思っている。自分自身の問題意識——自分自身が知りたいと思っていること、解決したいと思っている問題に従って、自分で調査地を選定し、ムラに入るための段取りをし、予備知識となる情報を集め、そしてムラにアクセスする。そして、自分の民俗調査を進めるためには、研究者によって程度の差はあるが、ムラ人たちと友人・友好関係を作りださねばならないのである。聞き取りをしなければならないからである。しかし、留意したいのは、民俗調査は自分の「欲望」を、さらには「民俗学的欲望」を満たすための営みであって、ムラ人たちとの友人・友好関係は、それがどんなにすばらしい関係に発展しようとも、しょせんはそのための手段にすぎない、ということである。その逆ではけっしてないのである。

　大学院の社会人類学コースに進学した私は、自分自身の研究のための民俗調査の準備を始めた。秩父での調査実習でその存在を知った「憑きもの」信仰に興味を持っていた。そこで、社会人類学的調査をおこなうのにふさわしい地域を文献調査で探し求めた。この場合の文献調査はとても大事である。プロになるための、しかも自腹を切っての本格的調査だからである。どんなに立派なスローガンを掲げようと、その調査で「成果」（利益）を上げなければならないのである。改めて調査をする必要がないようなところに調査に入って、無駄をしたと後悔をするような事態を極力避けなければならない。いってみれば、それは一種の「恋人」探しである。好きになれそうな調査地、生涯つきあってもつき合いきれないような調査地を、たとえ調査地に入ってその「思い」がすっかり冷え切ってしまうことになるかもしれないにせよ、探し出す必要がある。文献調査は失敗を最少限にくいとめるための必要不可欠な作業なのである。そうした文献の調査を経て、私は高知県に調査に入ることにしたのであった。

　当時の社会・文化人類学では、一点集中・定着型の民俗調査が好まれていた。特定のムラに住み込み、その社会の構造と機能を、多様な観点から調査・分析して明らかにすることが主要な課題であった。その中核にあるのが生業と社会組織であり、その他の社会・文化的な装置は、それを円滑に運営していくための装置である、とみなされており、それを調査地域で再確認するために、多くの研究者が民俗調査をおこなっていた。結論はおおよそ決まっており、むしろ個別的な民俗調査の成果の力点は、その地域では、社会構造を円滑に機能させるための装置として、どのような組織やイデオロギーが存在するのか、という意味での「独自性」を発見し、それを詳細に記述することであった。

これに対して、当時の民俗学では、特定の地域の民俗調査それ自体は、民俗項目に従った情報収集が主流を占めていた。民俗学者たちが興味を持つ民俗項目を寄せ集めて作った「民俗調査帖」を見ながら、調査者が自分の問題意識とは関係なく、その項目を埋めていくわけである。したがって、民俗学の調査報告は、採集された情報が相互に連関づけられることなくバラバラの状態で記述されていた。個別の民俗調査のなかから問題を発見し、それを大きな民俗学的課題へと昇華していくようなことは重視されてこなかったのである。つまり、民俗学の調査報告は、調査者にとって意味があるのではなく、特定の項目、たとえば葬式に興味がある研究者が利用できるために作成されていたわけである。民俗調査報告とはそのような項目の寄せ集めにすぎなかったのである。

私は社会人類学を専攻していたこともあって、どちらかといえば一点集中・定着型の民俗調査をおこなうことを選んだ。そして調査地として選び出したのが、すでに述べたように高知県香美郡物部村で、そのなかでも別府《べふ》と久保という二つの集落でそれぞれ数カ月間定着調査をした。そこで試みた調査は、もちろん民俗項目を埋めることを目的とした調査ではなく、それを参照しながらも、「憑きもの」信仰と社会構造の相互関係を明らかにすることを課題にしたものであった。

当初は、「犬神」信仰と社会構造の関係を調べていた。しかし、やがてこの地域の宗教者たちが、民俗事典や日本史事典、日本文学事典などの日本文化関係のどの事典類にも見出すことができない、「いざなぎ流」と称する体系立った民俗宗教を伝承する宗教者で、村びとたちの生活のさまざまな側面に関与していることが明らかになってきた。以後、私はこの「いざなぎ流」がどのような民俗宗教なのかを、私なりに解き明かすことに力をいれることになったわけである。

「いざなぎ流」信仰の調査を進めるうちに、やがて、物部村という地域に限定した一点集中・定着型の社会人類学的な調査の枠内だけでは、この信仰が理解できないということに気づいた。いや、それに気づいたとしても、その当時の社会人類学的視座の内部で「いざなぎ流」信仰を処理して済ますこともできたのかもしれない。簡単にいってしまえば、その信仰の細部がどのようなものであれ、物部村の社会構造を円滑に維持するために機能している信仰システムである、という結論を抽出し、それで探究を終えることもできたはずであった。

しかしながら、私の内部に芽生えた、「いざなぎ流」をもっと詳しく「知りたい」、私が満足できるまで調査したいという「欲望」に導かれて、私は民俗学や国文学、宗教史などの領域にまで踏み込んでいくことになった。「いざなぎ流」を「所有したい」という思いに取り憑かれたといえば聞こえがいいが、事態は逆で、私のほうが「いざなぎ流」に取り憑かれて逃げるに逃げられなくなってしまったといったほうがよいであろう。幅広く日本の民間信仰史を渉猟する作業と並行して、やがて私は別府や久保という場所での調査を離れて、「いざなぎ流」の宗教者や彼らが残した祭文帳などを探し求めて、物部村内やその隣接町村を歩き回り出した。地域は限定されているが、巡歴・移動型の民俗調査を採用することになったのであった。

現在でも、私は「いざなぎ流」の研究をおこなっているが、その研究から紡ぎ出される「いざなぎ流」信仰は、物部村の人びとにとっての「いざなぎ流」ではなく、「いざなぎ流」の宗教者たちにとっての「いざなぎ流」でもなく、もちろんそれも大事であるが、それ以上に私の脳裏のなかで想像（創造）された「いざなぎ流」信仰である、といったほうが適切だろう。つまり、私は、私が立っている位置から、私が選びとった位置から、「いざなぎ流」信仰を解読しているわけである。そういうかたちで、私は「いざなぎ流」信仰を「所有したい」のである。それほど遠くない将来、少なくとも「いざなぎ流」に関する本を一つは出そうと思っている。それがこれまで世話になってきた地元の人びとへの「返礼」（本当の意味での謝礼）だと思っているからである。それを良い意味で利用して、物部村の人びとが「豊か」になってもらいたいと思っている。

問題意識に左右される民俗調査

民俗調査は、民俗調査をおこなおうとする者の問題意識と調査者が属している学問的な問題意識や課題との緊張関係のなかで、まず位置づけられなければならない。そして調査におもむいたならば、なんらかのかたちで調査される側の人びととの間に構築される社会関係のなかで調査は進められなければならない。当たり前のことである。しかし、これがむずかしいのだ。民俗調査にマニュアルはない。実際、私たちが手にすることのできるマニュアルは、中身を欠いた抜け殻のようなもので、それで独創的な研究を生み出したということを聞いたことがない。ようするに、それは調査実習のためのマニュアルにすぎない。民俗調査の根幹に位置するべきものは、研究者個人の問題意識なのである。

民俗調査、とりわけ一点集中・定着型の民俗調査は、その地域のなかに長期にわたって滞在しているので、たんなる情報収集という作業の域を必然的に越えて、その地域の人びととの間に特殊な社会関係を築き上げなければならない。かつては文化人類学者や民俗学者は、調査に入った地域で「空気」のような存在になってその地域の「民俗」や「文化」を客観的に記述することが理想とされたが、そんなことは、無数の透明人間になってその地域に入らない限り不可能なことである。調査地で生起している出来事を一部始終観察することなどできるわけがない。阪神・淡路大地震の全体の様子をいち早く知ったのが、被災者ではなく、それ以外の地域の方々であったように、特定の地域に住み込んで「虫の眼」のような調査をしていると、むしろ自分の近辺のことしか見えなくなるからである。

たとえば、ある人物と親しくなれば、その人物に反感を抱いている人物は、調査者を忌避するであろうし、つき合いも表面的にならざるをえず、その人からの情報も必然的に偏ったものにならざるをえないわけである。また、突発的な出来事が生じた場合、たとえその出来事の現場にいて観察したいと思っていたとしても、そうとは知らず調査者は別のところにいて、現場に駆けつけたときは、もう何もなかったような日常生活に戻っていることもある。さらに、調査者の問題意識や関心の広がり、知識の外側にあることは、目の前に展開していてもまったく記録の対象にならずに無視されてしまうはずである。

調査データは、一個の人間にすぎない研究者の身体と知力を媒介にして集められるわけであるから、その限界を越えた情報は、集めたくても集められないのである。しかも、収集した「情報」自体には誤りがなくとも、その量には差異が生じるだろうし、またその「情報」の整理や解釈も調査者の知的な枠組みや問題関心を基準としたものにならざるをえない。つまり、個人の民俗調査は、個人芸にすぎないわけである。調査する側も、調査される側の人間も、機械ではなく人間だからである。

これを乗り越えるためには、その地域の人びとを含む多くの調査者のさまざまな観点からのアプローチを総合していくしかない。個人の民俗調査はそれを構成するための一部にすぎないのだ。こう書いてきて、物部村で調査をしていたとき、何日も足を運んだ、いまは亡き老宗教者のことを思い出した。彼はイナリ（キツネ）を操って占いをするということで評判の宗教者であった。その宗教者は私が探し求めていた祭文を持っていると称していた。それを聞いたので訪ねたのであった。だが、彼はその祭文帳をなかなか見せてはくれなかった。しかし、私の訪問は歓迎し、時間を割いていろいろと蘊蓄を傾けて占いのことを教えてくれるのであった。彼が口癖のようにいう言葉は、「祭文帳が見たければ、弟子になり、それを使って自分のように人を助けるようになれ。祭文帳を書き写して、本のなかに入れたところで、人を救えないではないか。そのような愚かなことに協力したくない」というものであった。それでも、彼は私が東京に明日戻るという日に、祭文帳をみせてくれたのであった。見たい祭文をもっていなければ、私は彼と接触することもなく、赤の他人のままであったかもしれない。しかし、祭文をもっていたために、そして彼が私の来訪をそれなりに楽しんでくれたから、ある種の関係が構築されたのである。

だが、祭文は手に入れたものの、彼が言った、「祭文を本に記録しても人を救えない」という言葉は、いまも私の心の奥深く突き刺さったままである。彼が言ったように、民俗学は、「苦しむ」人びとを救えないのだろうか。「知りたい」という「欲望」の成果の集積は、人びとを豊かにする糧とならないのだろうか。もちろん、柳田國男が説いた「経世済民の学」としての「民俗学」が、「民俗」の採集のみで可能だとは思わない。しかし、私は、それが直接的ではないにせよ、調査される人びとを含む多くの人びとの未来の「生」の糧になりうるものだと思っているのだが、はたしてどうだろうか。

現在、民俗学はこの学問が誕生して以来、もっとも大きな問題に直面している。それは、巡歴・移動型の調査をするにせよ、一点集中・定着型の調査をするにせよ、はたしてそれだけの情熱を傾けるに値するような調査地が、現代の日本に存在しているのかが怪しくなってしまったことにある。

高度成長期以降、全国的な都市化の影響を受けて、かつて確固として存在していた「民俗」というラベルを貼ることができ、民俗学の固有の領土とすることができた領域が変質・消滅してしまっているかにみえるのである。そうだとすれば、ここで述べた私の体験的民俗調査論も、あまり意味をもたないであろう。調査すべき対象、「知る」べき対象、「所有」すべき対象それ自体がないとすれば、民俗調査に出かける必要がないではないか。「民俗」は消滅してしまったのだろうか。住み難くはなったものの、妖怪たちが現代的な装いをとりながら、たくさんの人びとが住んでいる大都会に移動して出没しているように、「民俗」も、大都会に移動して姿を変えながら生き続けているのかもしれない。だとすれば、現代における「民俗」調査地は、じつは大都会のなかにあるということになるだろう。そのような人びとについての「民俗」調査がなされているとすれば、そのための「民俗」調査論は、その調査に従っている「民俗学者」に書いてもらうのが一番である。

説話と宗教儀礼

はじめに

説話を理解する上で、儀礼はきわめて重要な位置を占めている。「儀礼」を簡単に定義すると、「なんらかの意味で聖なるものとかかわりをもつ慣習化された行動」（宮家準）ということになる。儀礼は、発せられる言葉、遂行される動作、取り扱われる品物によって構成されている。そしてこれらの三つの活動のいずれも「反復」された活動である。逆にいえば、「反復」される活動は「儀礼」なのである。しかも、こうした「儀礼」はまことに範囲が広い。たとえば、清水昭俊が指摘するように、人と人とが出会ったときに交わされる挨拶や食事をするときの作法なども、毎日の生活のなかで反復される行動で、「儀礼」とみなしうるであろう。実際、儀礼研究者は、そうした日常生活にみられる反復行為も儀礼もしくは儀礼類似行為として理解しようとする傾向が強い。

しかしながら、こういった儀礼概念の拡張によって儀礼に組み込まれた行為がここでの議論の対象ではない。儀礼のなかでも、もっとも中心に位置する儀礼、すなわち、なんらかの意味で聖なるものにかかわりをもっている、反復される行動が問題とされている。つまり、儀礼の外延ではなく、中心にある反復行為を「宗教儀礼」と呼び、そうした行為と説話の関係のあり方を見てみようというわけである。

儀礼と説話の関係はまことに複雑である。一つの儀礼に一つの説話が対応するといった単純な関係にはなっていないからである。儀礼と説話の関係にアプローチするには、おおざっぱにいうと二つの方法がある。一つは、儀礼に焦点を合わせ、その儀礼のなかもしくはその周辺に現われてくる説話をみるというやり方である。もう一つは逆に、説話に焦点を合わせ、その説話のなかもしくはその周辺に現われてくる儀礼をみるというやり方である。

説話は、「語られる説話」（口承説話）と「書かれた説話」（書承説話）とに分類しうるが、儀礼に焦点を合わせたときに私たちが出会う説話は、どちらかというと、口承説話が多く、説話の方に焦点を合わせたときに取り上げられる説話は、どちらかというと、書承説話が多いという傾向がみられる。しかし、丹念にその関係を見てみると、相当にねじれているようである。

儀礼に焦点を合わせると、三つの「説話」のあり方に気づく。一つは、儀礼のなかに見出される「説話」である。すでに述べたように、儀礼は発せられる言葉と遂行される行為と取り扱われる品物の三つで構成されている。このうち、発せられる言葉のなかに、説話の形式をとり、一定のまとまりをもった言葉群が見出されることがある。これをここでは「儀礼のなかの説話」と称することにしようと思う。

もう一つは特定の儀礼に付随して現われる、つまり儀礼の外部にあって儀礼の説明や注釈の形をとって語られる「説話」がある。これは、はっきりとした説話の形をもったものもあれば、ほんの二言、三言といった断片的な言葉にすぎないものまで含められるが、ここでは後者のような「説話の卵」もしくは「説話の破片」というべき説明も、とりあえず「説話」と考え、これを「儀礼の説明としての説話」と呼ぶことにしたい。この「説明としての説話」で注意しておきたいのは、こうした「説話」がつね儀礼に付随しているというわけではなく、ときにはまったく欠落していることさえある、ということである。つまり、ある特定の日に、ただ慣習でしているだけで、その目的も意味もわからない儀礼もあるというわけである。

さらに、儀礼にはもう一つの「説話」が刻み込まれている。それは儀礼行為の観察からもある程度見えてくることもあるが、「説明としての説話」の助けを借りることによって、いっそう明確になってくる「説話」といっていいだろう。すなわち、儀礼全体が一つの説話もしくは複数の説話の、行為による再現であるという場合の「説話」である。これを「儀礼化された説話」と呼んでおこうと思う。

では、説話の方に焦点を合わせたとき、どのような「儀礼」が見えてくるだろうか。さしあたり、次の三つの「儀礼」を指摘できるように思われる。

一つは、「説話のなかの儀礼」である。特定の説話のなかに、エピソードとして、現実の世界でおこなわれている「儀礼」が描き込まれていることがある。

もう一つは、現実の世界でおこなわれている儀礼行為を言語化した、もしくはそれを写し取ったような「説話」、つまり説話のなかに「儀礼」を読み取ることで現われてくる「儀礼」がある。これは「儀礼化された説話」に対応するもので、「説話化された儀礼」と呼ぶことができる。

さらにもう一つの「儀礼」は、特定の説話から姿を現わしてくる。それは説話のなかで、その説話が現実の世界でおこなわれている儀礼の説明・注釈として語られたものである。つまり、この説話が「儀礼の説明としての説話」である。

以上を整理すると、宗教儀礼と説話の関係は、(1)儀礼のなかの説話、(2)説話のなかの儀礼、(3)儀礼化された説話もしくは説話化された儀礼の相互関係、(4)儀礼の説明としての説話、の四つの関係があることがわかるであろう。

そこで、以下では、これら四つの関係を、主として私が調査した高知県香美郡物部村の「いざなぎ流」と称する信仰における儀礼と説話によりながら、順に見てみようと思う。

儀礼のなかの説話

いざなぎ流の祭儀は「祈祷」とよばれる。祈祷という語は仏教に由来するもので、呪術に相当する概念であるが、いざなぎ流ではむしろ「儀礼」に相当する語といっていいかと思う。

いざなぎ流の祈祷は、まことに多様であるが、その一つひとつを丹念に分析すると、序→本題→結、という形をとっていることがわかる。序は儀礼の始まりを意味する儀礼分節で、本題は儀礼の主題＝目的にかかわる儀礼分節、結は儀礼の終わりを意味する儀礼分節である。たとえば、ある家で祀られている神をことほぐための「家祈祷」を見てみると、その儀礼全体は、取り分け→本祭→鎮め、という形式になっている。

こうした儀礼のなかで「発せられる言葉」を「唱文」という。この唱文には、唱えるようにしておこなう「言葉文」と歌うようにしておこなう「歌文」がある。そして、こうした唱文を発しているとき、なんらの動作もなされない場合と、一定の動作を伴う場合とがあるわけである。

さて、こうした「唱文」を儀礼の始めから終わりまで眺め渡し、分節化していくことによって、私たちはたくさんの「説話」を見出すことになるはずである。そのなかには、はっきりとした説話もあれば、説話というにはあまりにも簡単な内容のものもあれば、説話とは認めがたいようなものもある。発話された言葉のまとまり、つまり分節化された言葉群のどれが説話で、どれが非説話であるか見極めることは、とても困難な作業である。したがってむしろ、そうした分節のすべてが広い意味で「説話」とみなしておく方が得策のように思われる。

たとえば、本祭の始まりを告げる「礼神楽」と呼ばれる儀礼において、いざなぎ流の宗教者（太夫）は、注連縄を張り巡らせた祭場のなかで円座になり、祭具の一つひとつに対して「本地」と称する唱文を歌うように唱える。一例を挙げると、儀礼に用いる太鼓に対して、「太鼓の本地」が唱えられる。それは「このや太鼓と申するは、日本で張りや始めん、唐土で張りや始めん、これ天竺勾当左衛門殿の張りや始めた太鼓に疑いどころはわしまさん……」という唱文で始まり、その内容は、左衛門が「日本に太鼓がなくては神の宝がないということだ」と申され、楠を育てて太鼓の胴とし、天竺の杣《そま》の小太郎を雇って太鼓を作らせ、「地につく天つく地つく天天」と打ち鳴らしたのが太鼓の始まりである。それを神の一の宝に定めた、というまことに素っ気ない短い唱文である。

この唱文は、たしかに太鼓の起源を語っている。だが、これは説話なのだろうか。それともそれ以前の説明的な内容の唱え言なのだろうか。発せられる言葉群のなかに説話と非説話の区別が容易につけられないのは、こうした分類しにくい唱文が存在しているからなのだ。

しかしながら、その一方では「祭文」と呼ばれる唱文のなかには、複雑な筋立てをもった、それ自体を読んだり聞いたりしても楽しめる、物語の形式を充分にもった唱文も存在している。一例を挙げると、「地神の祭文」は、地神には十二人の妃があり、その一人の妃が懐妊した。これを恨んだ十一人の妃が懐妊した妃を除こうと計画し、地神を欺してその妃を殺させる。ところが、死んだ妃の胎内から生まれた子どもが、熊野の神人（僧）に発見されて、熊野権現の保護を受けて成長し、やがて父の地神のもとに行って、十一人の妃の悪事をあばき、父の地神の跡を継ぐ、というかなり長い内容の話になっている。この唱文の場合は明らかに「説話」と呼ぶべきものになっている。

ところで、こうした儀礼における「発せられる言葉」を検討するさいに、とくに注意したいのは、そこに説話を見出したり、説話と非説話を区分しようとするのは、あくまでも私たち研究者の側なのだ、ということである。たしかに、いざなぎ流の宗教者たちも、唱え言のなかに、物語性に富んだ唱え言もあれば、そうではない唱え言もあることを知っている。だからこそ「祭文」とか「本地」といった用語が存在しているのである。しかし、基本的にはそうした「祭文」も「本地」も儀礼的活動の一つとして区別されることなく存在しているのである。しかも、それは唱え言であって、それを聞くのは神であり、人間ではない。実際、「地神の祭文」の聞き手は、地神なのであり、儀礼に集まった人びとではない。「地神の祭文」がいざなぎ流の宗教者によって唱えられている場に人びとがいることは少なく、またその場にいたとしても、小声で唱える「祭文」を始めから終わりまでその内容が充分に理解できるように聞くことはできない。

ところが、私たち研究者は「発せられる言葉」のなかに「説話」を見出し、さらにその「説話」を、いざなぎ流の宗教者や参集者たちの知らない、研究者たちが明らかにしたそれに先行すると思われる説話や他地域の説話と比較することによって、その説話を吟味・評価することができる。というのは、私たちが立っている位置が、物部村の外部、さらには日本文化の外部にあるからなのである。だからこそ時代を超え、地域を越えて眺め渡すことによって、たとえば「地神の祭文」が、中世に広く流布した「熊野の本地」の焼き直しつまり翻案であることが明らかとなってくるわけである。

しばしば、説話研究者は、こうした「地神の祭文」のような説話を手にしたとき、「熊野の本地」の焼直しではないかとわかると、その祭文を創造性の欠落した借り物として低く見る傾向がある。しかし、「地神の祭文」はその伝承者にとっては、そうした評価とはまったく無関係に重要な意味を帯びている。というのは、いざなぎ流の宗教者およびいざなぎ流を信じている物部村の人びとにとっては、その祭文は彼らが信仰している「地神」についての「神話」であり、彼らがおこなっている地神についての祭り、つまり「地神祭」の根拠を与えるものであるからである。「地神の祭文」は、「家祈祷」の儀礼の一部を構成するとともに、それとは別におこなわれている「地神祭」という「儀礼」の「説明としての説話」、またその儀礼分節という意味を帯びているのである。

こうしたことは、いざなぎ流の「地神の祭文」に限らず、多くの地域の儀礼において唱えられる説話についてもいえることである。

かつて「異人殺し」伝承と名づけた説話について考察したことがある。それは、昔、大金をもった旅人が、ある家に宿をとる。ところが、その家の主人が旅人の所持金に目がくらんで、ひそかに旅人を殺害し、所持金を奪い取る。その金を元手にしてその家は長者になるが、やがて殺された呪いがあらわれて、家人がさまざまな不幸にみまわれる、という話で、伝説という形をとって全国各地に広く流布している。

この一つに目を向け、その話がどのようにして生成されるのかを調べてみると、たとえば、一つの儀礼にその母胎を見出すことになる。すなわち、ある村で次々に村人が不幸にみまわれる。いったいこれはどうしてなのか、と不審に思った人びとが、シャーマンを雇って、神降しをする。すると、シャーマンに、村人の知らない旅人の霊が乗り移って、右に述べた内容の話を語るのである。この託宣を通じて、村の災厄の原因を知った村人は、この怨霊を鎮める儀礼をおこなって、この事件は一件落着ということになる。

つまり、この村の「異人殺し」伝説は、もとは託宣儀礼の一部であり、儀礼において「発せられる言葉」の中核を担うもの、つまり、それは「儀礼のなかの説話」であり、「儀礼としての説話」であったのである。すなわち、こうした儀礼のコンテキストにおいては、この説話は、怨霊の託宣＝物語であり、また村を襲っている災厄の原因の「説明としての説話」として存在していることになる。

こうした「儀礼の一部としての説話」について議論する場合、私たちは特定の儀礼のなかでの説話の意味を考察しなければならない。しかしながら、考察の視点を説話の方へと移すと、私たちは説話を特定の儀礼的コンテキストから切り離してみることも可能となってくる。そうすることで、全国に広く見出される同様の伝承を比較したり、古い文献に記載された同様の伝承を比較したりすることを通じて、そうした説話がいつ頃から、人びとの間で語り出され、どのように流布していったのか、またそうした説話の本質がどこにあるか、といったことを議論することができるわけである。

さらに、そうした説話の構造やメッセージの分析に基づいて、その説話群の変形ともいうべき説話を見出したり、また託宣儀礼とは異なる儀礼の場で、あるいは日常生活の場で語られているところを発見することも可能となってくるはずである。たとえば、「異人殺し」伝説は、「こんな晩」タイプと呼ばれる昔話に姿を変えることで、囲炉裏端で年寄りによって子どもに語られる。すなわち、旅人を殺してその金品を奪った夫婦の間に一人の子どもが生れる。身体に障害をもった子どもであったが、ある晩、その子を用足しさせるために外に出たところ、その子どもが「旅人が殺されたのはこんな晩のことだった」と、殺された旅人の声で語る。こうした昔話が「こんな晩」である。また、異人殺害を異人歓待に変えた昔話のタイプもある。旅人に宿を提供するが、運悪く病を得て死んでしまう。ところがその死体が黄金に変わっていたという話で、これは「大年の客」と呼ばれる。

儀礼から生まれた説話が、その儀礼から分離され、変形を加えられつつ、人びとの間で語り伝えられていくのである。

もっとも、逆の可能性についても留意しておく必要がある。伝説として、昔話として流布している説話が、すでに述べたような、託宣儀礼のなかに取り入れられ、儀礼の一部として用いられることもあるということである。いや、どちらかといえば程度の差こそあれ、説話が語られる場は儀礼もしくは儀礼的な場であったとも考えられるだろう。また、語りの場が宗教儀礼の場という場合もあるが、儀礼の外延に位置づけられるような場であることも多いように思われる。

説話のなかの儀礼

書承説話もしくは口承説話を、「説話」として読んだり聞いたりしていると、そのなかのエピソードとして、登場人物が儀礼をおこなうことがある。そうした儀礼が説話全体のなかでどの程度の位置を占めるかは、説話によって異なる。説話全体がその儀礼の起源や目的を説明するために組織されているようなきわめて重要な位置を占めていることもあれば、あってもなくてもほとんど説話の展開に支障をきたさないような、取るに足らないエピソードとして描かれることもある。また、特定のエピソードにみられる登場人物の行為が、儀礼的行為なのか、それとも一回性の非儀礼的行為なのか、にわかには判断しえないものもある。

たとえば、説明の順序が逆になるが、いざなぎ流の「山の神の祭文」（この祭文も儀礼の一部として唱えられる唱文である）にみえる次のエピソードなどは、儀礼的行為なのかどうかはっきりしないエピソードである。この祭文の物語は、次のようなものである。竜宮の乙姫が山の神の領地から流れてきたけんぽうなしを拾って食べ、気に入ったので、家来のおこぜの次郎に、山に行って採って来るように命じる。次郎は山の神が眠っている間に盗み採ろうとするが、気づかれてしまう。次郎は山の神に「山の神様の妃にふさわしい竜宮乙姫にお引き合せしましょう」と申し出て許される。山の神は山鳥に姿を変えて、磯で遊ぶ乙姫の前に現れ、姫の右の肩部、左の肩部、腰部で、それぞれ三度ずつ羽ばたいて、山へ飛び去る。すると、乙姫は身がやつれて、懐妊したことを知り、竜宮に戻れなくなってしまう。これを見た次郎が、「この懐妊は山の神様によるものです。山の神のところに参りましょう」といって、乙姫を山の神のもとへ案内する。そして山の神の妃となった乙姫が、たくさんの山の神を生む。

この物語のなかで、儀礼的行為らしく思えるのは、山鳥が乙女の身体に寄ってきて、「三・三・九度」の羽ばたきをした部分である。これは明らかに婚姻儀礼における三・三・九度の盃を象徴している。つまり、乙姫は気づかなかったが、乙姫は山の神と婚姻し、性的交渉さえもったのだ。しかし、それは一回性的な山鳥＝山の神の象徴的行為であるので、それが婚姻儀礼であるとはいいがたい。あくまでも婚姻儀礼を表わす象徴的行為にすぎないのである。

これに対して、はっきりと説話のなかで儀礼をおこなっているのが、たとえば、いざなぎ流の「呪詛の祭文」である。この祭文は長大な物語祭文であるが、別のところで内容を紹介したことがあるので、必要な部分のみ紹介することにしよう。

釈迦王と提婆王の二人が国の支配権を賭けて、弓矢の技くらべをする。提婆王が破れて、マゲを切って行脚の旅に出る。これを嘆いた提婆王の妃が、釈迦王を呪い殺そうとする。

こうして、このあとは、延々と呪詛儀礼に関係したエピソードが続くことになる。まず、提婆王の妃自身がおこなった呪詛儀礼（「因縁調伏」という）は「さかさま川に降り入って、天を仰ぎ地に伏し、水花を〈ばざん〉と三度蹴上げ蹴下す」というものであった。しかし、この呪詛儀礼は期待する効果を現わさなかった。そこで妃は天竺・唐土・日本の三界を遊行する唐土じょもんという宗教者が通りかかったので、彼に呪詛を依頼する。じょもんは「さかさま川に降り入り、七段の壇を飾り、茅萱のひとがた人形を作って色ぎぬを逆《さか》さに縫い着せ、逆刀を使い、六道御幣を打ち振り、水花をばざんと三度蹴上げ蹴下し、天を仰ぎ地に伏して呪い調伏した」。すると、この呪詛が効果を現わして、釈迦王は重病になってしまう。そこで、今度は釈迦王が唐土じょもんを探し出して、自分にかかっている呪いを、相手に送り返してもらおうとする。これを「呪詛の一掃返し」という。その呪詛儀礼は茅萱の人形が生粉《なまこ》の人形に変わるだけでほとんど「因縁調伏」のやり方と同じである。この「呪詛返し」の儀礼も効果が現われ、提婆王の妃が同様の重病になる。そのとき、釈迦王の病気はなおることになる。ということは、「呪詛返し」は「病気治療」の儀礼でもあったことになる。

さて、重病の妃はどうしただろう。唐土じょもんに「呪詛返し」を依頼したのだ。しかし、じょもんはこれを断り、代わりに呪詛を祓い落として異界へと送り鎮めるという「呪詛の祝い直し」の儀礼をおこなってやる。その結果、妃の病はなおり、呪詛事件は落着することになる。

ところで、こうした説話のなかに描き込まれた呪詛儀礼は、現実の世界においてもおこなわれていたのだろうか。たしかにおこなわれていたのだ。もちろん、この説話のなかの呪詛儀礼は誇張され理念化されているといえる。だが、いざなぎの宗教者たちは、実際にそうした儀礼をおこなう者がいた、と考えているのである。とくに「呪詛の祝い直し」儀礼とほぼ同じ儀礼が、「家祈祷」の冒頭におこなわれる「取り分け」であると説明される。この「取り分け」は「呪詛の取り分け」ともいい、「本祭」に先立って、家祈祷をおこなう家の家族・親族の身体や家空間や、さらには家地・村などに存在しているとされる邪気・邪霊（これを「呪詛」という）のたぐいのすべてを呼び集めて、異界へと送り鎮めるためにおこなわれるものである。つまり、「呪詛の祭文」のなかの「呪詛の祝い直し」の儀礼は、現実の世界で執りおこなわれる「呪詛の祝い直し」（取り分け）儀礼にほぼ対応するものであるといえるのである。

もう一つ、この祭文中の「呪詛の祝い直し」と同様の儀礼が、現実世界でもおこなわれている。それは「病人祈祷」であって、「取り分け」と「病人祈祷」の儀礼プロセスはほとんど同じである。「取り分け」がまだ発現していないつまり人を害するまでに至っていない邪霊・邪気を鎮めるための儀礼であるのに対し、「病人祈祷」がすでに災厄が襲ってきて病気になっている人に対しておこなわれる儀礼であることを考えると、祭文のなかの「呪詛の祝い直し」は、この「病人祈祷」のタイプである邪気・邪霊の異界へ送り鎮めの儀礼の方に対応するとみた方がいいかもしれない。

そして興味深いことに、こうした現実の世界での「呪詛儀礼」において、この「呪詛の祭文」も唱えられるのである。すなわち、「呪詛の祭文」の説話分節として語られる「呪詛儀礼」と、これに対応する現実の世界での「呪詛儀礼」の儀礼分節としての「呪詛の祭文」。その両者が、互いに相手を支えあっているわけである。

次のようなことも指摘できるかもしれない。現実の世界の「呪詛の儀礼」で、いざなぎ流宗教者は「儀礼としての説話」である「呪詛の祭文」を唱える。ところが、この「呪詛の祭文」のなかの「呪詛の儀礼」のなかでもおそらく唐土じょもんは「呪詛の祭文」に相当する祭文を唱え、そのなかの唐土じょもんもまたそのなかでおこなう「呪詛の儀礼」で「呪詛の祭文」を唱える……。儀礼のなかに説話があり、その説話のなかにまた儀礼があり、その儀礼のなかに説話があるという、無限の連鎖関係も想定しうるというわけである。

もっとも、右に述べたのは、極端な推論である。しかし、「説話のなかの儀礼」は、現実の世界の「儀礼」と深い関係をもっていることが多いことを、少しは理解していただけたのではなかろうか。

お伽草子に「玉藻前」と称する物語がある。鳥羽院の御所に、不思議な美女があらわれ、たちまち院の寵愛を受けることになる。この美女を玉藻前という。ところが、ほどなくして院は病をえて日に日に重くなる。陰陽師安倍泰成を招いて占わせたところ、玉藻前が原因だという。玉藻前の正体は天竺から唐土を経て日本に渡ってきた齢八百歳の妖狐で、王法・仏法を破却するために院に近づき、その命を奪おうとしているのであった。そして、泰成は祭壇を設け、幣帛を玉藻前にもたせ、「泰山府君祭」を執りおこなう。その祈祷なかばに、玉藻前の姿が突然消え失せてしまう。泰成の儀礼が効果を現わして退散していったのであった。

この説話のなかの陰陽師安倍泰成がおこなった「泰山府君祭」という儀礼は、現実の世界で活動していた陰陽師たちが実際に、「病気なおし」などの目的のためにおこなった儀礼であった。とくに民間で活動する陰陽師たちは、狐や生霊に憑かれて病気になっているのだと説きつつ、その悪霊・邪霊を退散させるための儀礼を積極的に展開していた。すなわち、「玉藻前」における妖狐祓いの儀礼は、現実世界の狐落としの儀礼を反映し、それに対応している儀礼といえるわけである。さらに、それはいざなぎ流の「祈人祈祷」や「呪詛の取り分け」などとも響き合う儀礼であるといえるだろう。

もっとも、現実の世界での陰陽師の「悪霊祓い儀礼」において、「玉藻前」説話がその儀礼の一部として語り唱えられたかどうかは定かでない。しかし、この説話を知っていれば、「悪霊祓い儀礼」に対する「説明のための説話」として利用することもできたはずである。

説話と儀礼の相関関係

これまでの考察で、説話と儀礼の複雑な関係のかなりの部分が明らかになったはずである。そこで、以下では、「説話化された儀礼」と「儀礼化された説話」の二つの側面についてみてみよう。

ここでいう「説話化された儀礼」とは、すでに指摘したように、現実世界の儀礼の「一分節としての説話」が、儀礼から分離・独立した「説話」になるという意でも、説話のなかに「儀礼を描いた説話分節」があるという意でもない。それは特定の儀礼全体を写し出しつつも、その説話の内容つまり主人公やその他の登場人物たちは、儀礼としては行動していないというような物語を意味している。つまり、私たちが特定の説話群のなかに儀礼の反映を読み取ろうというのである。ある儀礼を説話のなかで再現したとみなしうる「説話」があり、それをここでは「説話化された儀礼」と述べているわけである。その逆の関係が「儀礼化された説話」である。ここではそれは「特定の儀礼」の全体が「特定の説話」全体の再現とみなせる儀礼のことを意味している。もっとも、「説話化された儀礼」と「儀礼化された説話」はどちらが先にあったかを見極めることは難しい。むしろ「特定の儀礼」と「特定の説話」は互いに相手のコピーであるといった方が適切かもしれない。説話の方に焦点を合わせると、そこに「儀礼」が見えてくる（場合がある）のであり、その儀礼の方に焦点を合わせるとそこに「説話」が見えてくる（場合がある）というわけである。

説話と儀礼が互いに写し合っているということをもっともよく示しているのは、神話とその神話の内容を再演する儀礼である。

残念ながら、いざなぎ流では、その適切な事例を見出せない。強いて挙げれば、右に紹介した「呪詛儀礼」と「病人祈祷」の相互関係かもしれない。病人祈祷のために雇われるいざなぎ流宗教者は、つねに病人祈祷をする自分を唐土じょもんの子孫であり、自分がおこなう儀礼は、唐土じょもんがおこなった病人祈祷（「呪詛の祝い直し」）をそのまま忠実に再現したものだと考えているからである。したがって、「呪詛の祭文」のなかの「呪詛の祝い直し」の再演（儀礼的表現）が「病人祈祷」であり、「病人祈祷」の説話的表現が祭文の「呪い直し」ということになる。

しかしながら、こうした相関関係は、「呪詛の祭文」の一部との間の相関関係でしかない。私たちがここで念頭に置いているのは、次のことである。すなわち、説話のなかの登場人物はそこで一回性の出来事を体験していると描かれているにもかかわらず、儀礼はその一回性の出来事を聖なる出来事とみなし、その出来事を繰り返し繰り返し再演するのである。

福井県小浜市矢代では、毎年四月三日、「手杵祭」と呼ばれている儀礼がおこなわれる。この「儀礼」とその起源を説く「説話」(伝説)の関係が、ここでいう関係に非常に近い。

この祭りの中心は矢代の氏神社の前でおこなわれる行列と手杵棒ふりである。行列は、袴に黒の上衣を着し、荒縄のたすきを掛け、顔を黒く塗り、シダの葉の冠をかぶる、という異形の手杵棒をふり回す役を先頭に、弓矢持ち、長さ三メートルほどの唐船丸と呼ばれる模型の船、さらに頭上に金袋をのせた八人の振袖姿の少女などが続く。行列は神社の境内をゆっくり時計回りに進み、神殿の背後を通過したところで立ち止まり、手杵棒ふりの演技が行われるのを待つ。手杵棒ふりは手杵棒を肩ごしにふりかざし、神殿を軸に半円を描くようにして境内を走り、拝殿の正面に立ち、神殿に向かい、手杵棒を両手で高くさしあげてから地面に落とす。手杵棒ふりが境内の左前方に退くと、弓矢持ちの二人が拝殿の正面に現われ、向かい合い、サスマタ矢・カブラ矢と呼ばれる弓と矢を交叉させる。弓矢持ちの演技が終わると行列は再び動き出す。

この儀礼では、儀礼執行者たちはほとんど無言である。したがって、儀礼の三つの活動のうち、「発せられる言葉」が欠落しているので、こうした儀礼の一部として語られる「説話」をまったく見出すことができないのである。しかし、この祭りを見学していると、その儀礼の構成要素である遂行された行為や取り扱われる品物から、何かを象徴していることは充分に感じ取ることができる。

では、この儀礼的行為は何を表現しているのだろうか。これを解き明かしてくれるのが、村びとの間で語り伝えられている、この儀礼の起源を説いた「説話」（観音堂の縁起）である。

昔、矢代と阿納の沖に一艘の漂流船が流れていた。両村の人たちがそれぞれ自分の方へこの船を招きよせたところ、矢代の浜辺に流れ着いた。船には唐の王女と八人の女臈が乗っており、一体の観音を護持しているほか、八人の女臈は頭の上に金袋を冠っていた。村びとたちはその金が欲しくなって、杵でもって漂着者全員を叩き殺してしまった。ところがまもなく村に悪疫がはやり、祈祷をしても何の効果も見えなかったので、村びとたちは唐船の事件を思い出し、その怨霊のたたりだ、ということに気づいた。そこで、王女の護持していた観音像を祀り、王女を弁財天として合わせ祀った。

この「縁起」を知ることで、私たちは終始無言に近い状態でおこなわれる儀礼が何を意味しているのかが明らかとなる。すなわち、それはかつてこの村であったという漂着した唐の女性の殺害事件を再現した儀礼なのである。つまり、この「儀礼」は「説話」を身体を通じて描き出しているわけである。村びとたちはこの儀礼のなかに遠い昔に先祖たちが犯した殺害事件の「物語」を読んでいるのである。そして、まだ幼いがためにその伝説を知らない村びとは、やがてこの「儀礼」の説明のための「説話」として、右に述べた「観音堂の縁起」を語り聞かされることになるのである。

この種の儀礼は、各地に伝わる神楽によく見られるもので、たとえば出雲神楽の「国譲り」や高千穂神楽にみられる「岩戸開き」などは、古代神話の「国譲り」や「岩戸開き」の話を儀礼的に再演したものである。こうした儀礼が繰り返し演じられることで、人びとの間に神話が語り伝えられていく。そして、こうした神話とその再現としての儀礼は、エリアーデの説くように、儀礼のたびに神話の時代へ、聖なる出来事の時へと村びとを送り返すことになる。もっとも、そうした「神話」の再現としての儀礼が古代から連綿と続いてきたというわけではなく、ずっと下った時代に作られたものがほとんどだということは留意しておくべきかもしれない。

いま考察したのは「儀礼化された説話」であった。ではその逆の、「説話化された儀礼」とはどのような説話をいうのだろうか。

たとえば、「玉藻前」の話も、たしかに「説話化された儀礼」である。いざなぎ流「呪詛の祭文」もそうであろう。しかし、私たちがこの言葉でとくに表現したいと考えているのは、説話の登場人物とくに主人公の行動が一回性的行動であって、それ自体としては儀礼的行為とは思われないにもかかわらず、研究者たちが、その説話に儀礼の投影をみようというものである。

こうした「説話化された儀礼」として、しばしば取り上げられるのは、成人儀礼や成女儀礼の投影を特定の説話に見出そうとしたり、シャーマンの儀礼にみられる異界訪問儀礼を、特定の説話に見出そうとしたりするときに、姿を現わしてくる（とされる）「儀礼」である。

「天人女房」と呼ばれる説話群（昔話タイプ）がある。いざなぎ流の「七夕の祭文」とほぼ同内容の物語祭文である。「天人女房」の説話群のなかに、天女の夫が次々と難題を課せられるというエピソードをもった話群がある。

天女が天から飛び来たって水浴びをしているのを発見した男が、天女の羽衣を盗み隠し、それを捜してやろうと家に連れ帰り、妻にする。やがて二人の間に子どもが生まれる。子どもの暗示によって羽衣の隠し場所に気づき、妻は天に帰るが、そのとき置き手紙などで天に昇る方法を教える。夫は妻を追い求めて天までやって来る。夫が再度妻に求婚するが、天女の親が、難題を課する。それは、山を開き、焼畑耕作をおこない、そこから収穫する、というものであった。この難題を妻の協力で克服し、再び妻と幸福な生活を送る。この話群の結末には二通りあって、一つは幸福な結婚生活に入るが、もう一つは瓜を誤って割ったために大水が出て、二人は別れ別れになってしまう。

こうした説話のなかの、妻となるべきものの親からの難題はなにを意味するのだろうか。一つは、娘の配偶者選びの決定権は、娘自身ではなく親の手にあったということである。難題は娘の夫にふさわしいかどうかを、親が確認するための試練なのである。この試練を乗り超えた者が娘を妻に迎えることができるのだ。いま一つの解釈は、若者への試練は若者が結婚することのできる一人前の男になるための「通過儀礼」つまり「成人儀礼」とみるものである。つまり、男は通過儀礼を受けているのだ。すなわち、研究者たちは、この話には現実の通過儀礼が反映されているのだ、というわけである。同様の説話解釈は、「姥皮」などの昔話にみえる、継母に追放された継子が放浪の末に長老の息子の嫁になるという話にも適用される。つまり、継子の放浪は成女儀礼の反映が認められるというのだ。

これと同様の解釈がシベリアのシャーマンの病気なおしにみられる異界訪問のモティーフについてもなされている。この解釈が日本の説話における主人公の異界訪問を読み解こうとする場合にもしばしば適用される。たとえば、中世説話の「甲賀三郎」（『神道集』）の物語、すなわち行方不明になった妻を探し求めて地下世界を遍歴する三郎の姿のなかに、病人の魂を奪い返しに行くシャーマンのエクスタシー状態での異界訪問の投影を見出すのが、その一例であろう。

こうした説話解釈はかなり広く認められている。しかし、私個人の意見は、どちらかといえば、そうした画一的とも見える解釈に対しては慎重でありたいと考えている。というのは、「桃太郎」の鬼退治も、「一寸法師」の鬼退治も、あるいは村の外に出て活躍する主人公の登場するその他の説話はすべて「成人儀礼」や「成女儀礼」の投影ということになりかねないからである。もっとも、そうした説話に「成人儀礼」や「成女儀礼」を見出すことを否定し去ってしまうのも得策とはいえないのである。精神分析学者が指摘するように、こうした物語を読んだり聞いたりすることそれ自体が、一種の成人・成女儀礼の代用であるということもできるからである。

まとめに代えて

儀礼と説話の関係について、いろいろと吟味・考察してきたが、最後に残った四つの関係のうちの一つ「(儀礼の) 説明としての説話」について少し述べておこう。

これまでの考察で、じつはこの特徴についてはすでにおおよその説明をしてきた。すなわち、ある儀礼的行為や儀礼に用いられる品物などの説明として、こうした説話は語られたり記述される。ときにはこの説話は儀礼のなかの説話として現われ、ときにはその儀礼の外にあって儀礼の説明として現われる。たとえば、五月の節句になぜ菖蒲を家の囲りに飾ったり、風呂に入れたりするのかという説明として、山姥に追われて菖蒲のなかに隠れ難を免れたからだといった説話があるが、これなどは現実の世界におこなわれている儀礼的習俗の、まさに「説明のための説話」であるといっていいだろう。

説話と儀礼は、これまでみてきたように、複雑な形で関係し合っている。説話は儀礼の一部として唱えられるとともに、その外部にあって儀礼の目的や象徴的行為を説明する。また、説話のなかに儀礼が語り刻まれて儀礼を保存して後世に伝えるとともに、儀礼のなかに再度入り込んで現実に生じている出来事の説明ともなる。説話はそうした状態のなかで生きていた。人びとは、その変幻自在の説話のなかに、自分たちの現実の生活を映し出し、また過去を描き出し、そして未来をさえ見出そうとしてきたのである。

儀礼と説話の研究は、私たちが想像している以上に豊かな世界を私たちに提供してくれるような気がしてならない。

参考文献

青木保・黒田悦子編『儀礼——文化と形式的行動』一九八八年、東京大学出版会。

小松和彦「〈荒神鎮め〉儀礼の分析」『記号学研究』3、一九八三年。

——「いざなぎ流・地神の祭文」『社会人類学年報』第三巻、一九九七七年。

——『異人論』一九九五年、筑摩書房、および『悪霊論』一九九七年、筑摩書房。

——「『いざなぎの祭文』と『山の神の祭文』」五来重編『修験道の美術・芸能・文学〔II〕』一九八一年、名著出版。

——「呪詛神再考」『現代思想』七月号、一九八四年。

清水昭俊「儀礼の外延」『儀礼——文化と形式的行動』一九八八年、東京大学出版会。

関敬吾『関敬吾著作集』第二巻、一九八二年、同朋舎。

高木啓夫『いざなぎ流御祈祷』一九七九年、物部村教育委員会。

橘弘文「『説話』と民俗社会」『民俗宗教』第二集、一九八九年。

宮家準『宗教民俗学』一九八九年、東京大学出版会。

山口昌男『新編人類学的思考』一九九〇年、筑摩書房。

『いざなぎ流御祈祷』一九七九年、物部村教育委員会。

魔除け論序説——屋根の上の魔除けを中心に

「招福除災」の観念

「招福除災」という言葉がある。この意味は、説明するまでもなく福を招いて災を除くということである。この短い言葉には、人々の幸せを願う気持ちが凝縮している。「招福」とは、自分から積極的に幸せを探し求め呼び寄せようとすることである。したがって、そのような思いに導かれての行動は、能動的・積極的な信仰行動といえるであろう。現在置かれている状態から少しでも好ましい状態になることが期待されているのである。私たちの多くは、もっと幸せになりたい、もっと幸せになりたいと、果てしなく欲望をふくらませる。霊験あらたかな寺社に参詣したり、呪力の強い宗教者を訪ねたりして、五穀豊穣や立身出世を祈ってもらう。そうした行動は、ここでいう招福のための行動である。

これに対して、「除災」とは、自分が置かれている現在の状況を維持し続けたい、災厄が襲ってきても、その状態を悪化させないようにしたい、あるいは悪化してしまった状態を元の状態に戻したい、という思いに支えられた行動である。したがって、これは受動的・消極的な信仰行動ということができる。厄年が来たので、まったく健康なのだけれどもお祓いを受けたり、病気になったので健康回復のための祈祷をしたり、疫病が流行っているときに注連縄を張ってその侵入を阻止するための結界を設けたりするのは、こうした除災のための行動である。

ところで、「魔除け」とは「魔」つまり「悪霊」のたぐいが侵入してくるのを防ぐための呪術的な行動を意味している。したがって、その態度は受動的であるので、広い意味では、上述の「除災」に属するものだといえる。これに類する言葉に「厄除け」がある。「魔除け」が災厄をもたらす邪悪な神霊たちの攻撃を意識しているのに対して、「厄除け」はもっと漠然とした邪悪なものを指している。「厄年」という観念がその典型的な例で、これは人生のある時期に原因ははっきりしないが良くないことが人を襲ってくるので、それを防御するための呪術的な処置をあらかじめ施してその発現を防ごうということなのである。かつての日本人は、こうした悪霊や災厄が世界に満ちており、これらの悪霊災厄は隙があれば人間を攻撃しようとしているので、日頃からそれを予防するためのさまざまな工夫をする必要があると考えてきた。

では、災厄をもたらすという「魔物」とはどのような存在なのだろうか。一口で述べることはできない。これは時代によって、地域によって、かなりの違いを見せている。また、家レベル、ムラ（地域）レベル、国家レベルで異なってくる場合もあり、したがって、ここでそのすべてをこまごまと紹介するわけにはいかないが、たとえば、節分に意識される鬼、関東地方で流布しているコト八日の一つ目の妖怪、疫病神、憑きもの、等々の人びとに災いをなすとされるさまざまな精霊たちの存在をとりあえず想像してもらうのがいいだろう。

「魔除け」の方法

では、悪霊・災厄が満ち満ちている世界のなかで、日本人は具体的にはどのようにしてその被害を避けようとしてきたのだろうか。

「魔除け」は「招福」に対して受動的だと述べた。この「魔除け」それ自体に目を向けると、さらに「能動的・積極的な魔除け」と「受動的・消極的な魔除け」に細分化することができる。

「能動的魔除け」とは、すでに家やムラに侵入・攻撃してきているとみなされる「魔物」を、強力な呪力をもった人物や装置を動員・配置することで撃退する内容のものである。宗教者による「憑きもの落とし」、節分の「豆まき」、初夏の「虫送り」、初秋の「風の神送り」などがこれに相当する。たとえば、「憑きもの落とし」を例に挙げると、どこからか侵入してきた「憑きもの」が誰かに乗り移りその人物を病気にしているとみなされた場合、修験者や陰陽師といった宗教者が呪文・呪具を駆使して、その「憑きもの」を攻撃し、病人の体内から駆り出して、病人を救おうと試みる。ときにはきわめて乱暴なやり方もあった。たとえば、病人＝悪霊に占領・支配されている身体と考えて、その身体へ危害をくわえるようなこともあった。

これに対して、「受動的魔除け」は、そうした攻撃的性格がみられず、むしろ魔物の侵入を阻止するといった予防的な性格をもった「魔除け」である。これに相当するのは、大人形や蛇をかたどった藁の作りものを置いたり、あるいはムラや家の入口や門に注連縄を張ったり、あるいは家の戸口に霊験あらたかな社寺のお札を貼ったりすることである。このような「魔除け」を設置することで、人びとは「魔物」の侵入を防止できると考えたのであった。このような「魔除け」があるにもかかわらず、強力な「魔物」がその呪術的な防御を突破して侵入してきていると思われたときに、「能動的な魔除け」に及ぶというわけである。

「魔除け」の場所・時期・種類

では、「魔除け」は、どのような場所に設置されたのだろうか。さまざまな場所が「魔除け」を設置するのにふさわしい場所とされていた。しかし、民俗社会における「魔除け」をみると、異なった場所には異なった装置が設置されていたわけではないことがわかる。たとえば、幾重にも張りめぐらされた境界、家の入口や門、ムラ境などには、注連縄やお札といった同じような装置が配置されていることがあった。こうした同心円的な視点から設置される「魔除け」装置に対して、家という建築空間の垂直軸上に現れる「魔除け」装置もある。すなわち、屋根の上、室内、床下といった場所である。かつての日本人は、物理的な仕切りを手がかりにしながら、見えない仕切り、つまり呪術的な仕切りを設定することで安全な空間を確保できると考えていたのである。

まず、水平軸上・同心円的な「魔除け」を見てみよう。日本では多種多様な「魔除け」が作り出されてきたが、日本各地に普遍的ともいえる浸透をみせているのが、すでに指摘したように、「結界」を設定するというものである。それは呪術的な意味で仕切られ閉じられた空間を作り出すという方法である。つまり、空間をウチとソトに分割し、ソトにいる魔物はその分割線に呪力を与えることによってその内側には入って来られなくなるとする考え方である。たとえば、自分の回りに円を描き、その線や円内を呪力で聖化することによって、ウチとソトができることになり、それによってその内部には魔物は侵入できなくなる。具体的には、注連縄で縄張りをしたり、境界の要所に境界を物語る「魔除け」の装置を設置したりした。この結界は、ひとつだけではない。家の戸口にはお札が、門には注連縄が、ムラ境には人形がといった具合に、幾重にも張りめぐらされた。

「魔除け」の装置・道具の主力は、霊験あらたかな社寺の神符・護符のたぐいである。これにもいろいろなレベルがある。もっとも個人的なレベルの「魔除け」は、現在でも広く見られる肌につけている「お守り」である。それを身につけていれば、災厄に遭うのを免れることができると考えた。これは、祈祷によって呪力が託された、有力な社寺の名前や呪文（たとえば密教の真言や神仏名が記された紙片や、小さな神仏像であることが多い。たとえば、中世の説話には、真言陀羅尼を描いた護符を身につけていたために、夜中に外出したときに、百鬼夜行のたぐいに遭遇し、危害を加えられそうになったが、一命を取り留めた、といった話がある。

この「お守り」とほぼ同じものの大型版が、家の中や入口に貼りつけるという「魔除け」である。その多くは悪霊・厄難退散に霊験のあるとされる密教・修験道系の寺院や陰陽道系の神社から配布される「お札」で、たとえば、密教系の「不動明王」の札や「牛王宝印」の札、陰陽道系の「急々如律令」、晴明桔梗紋（五亡星）が記された札、あるいは「南無阿弥陀仏」の名号が書いてある。

家の入口やムラの境界に設置される「魔除け」のたぐいは、その性格上、風雨にさらされてもすぐには壊れたり消失しないように、ある程度長持ちするように作られた。たとえば道祖神のような石製の神像、男女の性器をかたどった石像、犬や龍などの動物や想像上の動物の石像や銅像、藁製の鍾馗・猿田彦その他の巨大な人形、巨大な注連縄などが代表的な例である。

注意したいのは、「魔除け」の装置（道具）には、その「魔除け」が恒常的に設置されている場合と、特定の日や期間のみに設置される場合の、二通りがあるということである。戸口のお札やムラ境の神像や人形などは、おおむね一年中設置されている。しかし、節分の「豆まき」やコト八日の日に設置される「目籠」、あるいは五月五日の端午の節句の日に設置される「菖蒲」などは、特定の日のみの「魔除け」の行動であり装置である。これは、かつて魔物を撃退したのがこの日であったとか、この日に魔物が出現するからだといった理由づけがなされる。また、「魔除け」の道具なども、そうした起源譚に語られた道具に由来していることが多い。したがって、それ以外の日には、私たちはこうした「魔除け」を目にすることができない。

オニンギョウサマ（お人形様）——福島県田村郡船引町屋形

「魔除け」の仕掛けや道具についても少しみてみよう。これまでの記述からも明らかなように、「魔除け」の道具はさまざまである。結界を作る注連縄、悪霊を払う力の強い神像・神札・聖なる文字、鬼や攻撃的な動物の石像、神や動物の藁人形、芳香性の強い蓬や菖蒲などの植物、弓矢、刀剣、鎌などの武器ないしそれに類した道具、桃や財布などの豊饒性や財産を物語るシンボル、渦巻き状の模様、豊饒性や攻撃性が強いとみなされる性器や目などの身体の一部、等々。もちろん、これらの「魔除け」を複数組み合わせて用いることもある。

魔除けの瓦

さて、民俗的な世界の多種多様な「魔除け」を概観してきたわけであるが、以下では、屋根の上に設置された「魔除け」について考えてみよう。

屋根の上の「魔除け」らしきものとしてもっとも知られているのは、瓦屋根の大棟の両端を飾る瓦、つまり「棟飾瓦」(棟端瓦)の「鴟尾《しび》瓦」と「鬼瓦」そして「鯱《しゃち》瓦」であろう。これらは頑強な建造物でなければ載せられないので、つい最近までは寺院や宮殿、城郭、貴族や豪商・豪農の邸宅などに限られたものであった。鴟尾がなにを表現したものか、どのような象徴的な意味が託されていたのかははっきりとわかっていない。屋根の上に瑞祥・除災の願いを託した鳳凰の像が飾られることがあり、また、中国やその影響を受けたであろう日本でも、鳥の種類は定かでないが、貴族の邸宅や民家の大棟の上に鳥の像を載せることがあった。したがって鴟尾はもともとは鳥であったのかもしれない。屋根は家屋においては天にもっとも近く位置するので、天との媒介領域と見なされていたのだろう。

ところが、平安朝の末期から「鴟尾」は衰退し、それに変わって寺院を中心にして浸透してきた「鬼瓦」が広く受け入れられるようになる。初期の「鬼瓦」は図案的で平面的なものであった。しかし、だんだんと瓦製作の技術が進歩するにつれて立体化しリアルな像に変化してきた。

いうまでもなく、鬼は邪悪なものの象徴である。それが魔除けに用いられるようになったのはなぜだろうか。かつてどのような説明がなされていたのかは不明であるが、現在の説明は、「鬼でもって鬼を制する」、すなわち、自分より強そうな鬼がいるのでその家への侵入を避けるとか、来襲してきた鬼たちがこの家は鬼の家だと間違えるからだとか、鬼を番人にするほど強い人間が住んでいる家だと思って侵入を避けるからだ、鬼の首を切りとって飾っているほど恐ろしい人間が住んでいることを物語っているのだとか、いろいろな説明がなされている。私は、これらのなかでもとくに一番最後の、鬼の首の陳列説がおもしろいと思っている。

「鬼瓦」は、明らかに「鬼」に象徴される「魔物」や「災厄」の呪術的な除去の期待も託された棟飾瓦であった。ところが、中世後期から、「魔除け」という意味よりも火災を呪術的に避けるという意味の方が強調された、水神系の「鯱」が棟飾瓦に用いられるようになってきた。有名な名古屋城の天守閣の「金の鯱」が、そのもっともよく知られる事例である。沖縄の家の瓦屋根にはシーサー（唐獅子）が載っていることが多い。このシーサーは水神系の神とみなされており、鯱と同様、火災避けの期待が込められていた。これとほぼ同様の呪的期待が託されていたのが「水」という文字で、これは棟飾瓦や軒瓦あるいは土蔵の壁などに書かれることが多かった。じつにわかりやすい単純な災難避けのまじないだといえよう。

ところで、鬼瓦も江戸時代になると、多様化する。「魔除け」「除災」の側面が後退し、「招福」「豊饒性」の側面が強調されたためである。福の神の「恵比寿神」や「大黒天」「布袋」の面、「打出の小槌」や「宝珠」「巾着」「桃」、さらには「福」という単刀直入な表現が彫られることになっていった。こうなると、もはや「鬼瓦」と呼ぶのは適切ではなく、むしろ「福瓦」と呼んだほうが正しいのではなかろうか。

見逃すわけにはいかないのは、たとえば、東寺の屋根瓦がそうであるように、寺院や城郭などの軒瓦に、しばしば陰陽道系の魔除けである「晴明桔梗紋」が刻み込まれていることである。また城の石垣の面にも、「晴明桔梗紋」が刻まれているのを見出すことができる。武士のあいだでも、陰陽道の呪術が外敵の侵入を防ぐ「魔除け」に効果があると信じられていた証左である。

屋根の周辺の魔除け

正直なところ、これ以外に、屋根の上に常設された魔除けを探すことはむずかしい。しかし、特定の日の装置としての「屋根の上の魔除け」は見出すことができる。それは端午の節句の草花とされる「菖蒲」である。今でも地方によっては菖蒲の束を家の回りや屋根の上や軒先に載せる

鬼瓦（晴明桔梗紋）

鬼瓦（鍾馗）

呪咀除けの言葉（急喼如律令）

屋根から覗く赤鬼（『春日権現験記絵』宮内庁三の丸尚蔵館）

ところがある。『洛中洛外図屏風』（上杉本）には、京の町屋の軒先に菖蒲が吊されている様子が描かれている。こうした習慣の名残が、今日なお多くの家でおこなわれている「菖蒲湯」である。

瓦屋根が普及するまでは、民家の屋根は板葺きか草葺きであった。絵巻物などに描かれた民家の屋根には、風で板屋根が吹き飛ばされないように、石を載せている様子が描かれているが、「魔除け」らしきものを見出すことはできない。このことは、これまで述べてきた民俗的な「魔除け」の設置場所として、屋根それ自体が魔除けを設置するのにふさわしい場所とはみなされていなかったということを意味している。たしかに、屋根に鬼が出現することがある。たとえば、『春日権現験記絵』には、屋根から家の中にいる病人の様子を覗き込んでいる赤鬼が描かれている。しかし、この様子を見ると、鬼は屋根を自由に通り抜けていくことができないことを物語っている。屋根は魔物の侵入を防御する囲いなのである。だからこそ、開いている戸口から侵入できないかどうかをうかがっているわけである。よくみると、家の戸口の前の軒下には、臨時の「魔除け」が設置されている。火を焚き、結界を象徴する縄や賽の神（境界）を表す石を置き、黒髪と赤紙を挟んだ幣串が立てられている。これこそが鬼の侵入を阻止する「魔除け」であった。

屋根ではないが、「破風」に「魔除け」が施されることがある。破風とは切妻屋根の両端に塞ぎのための山形の板もしくはその部分のことであるが、すでに指摘したように、そこに火災避けのための「水」とか「招福」を期待する文字などが書かれることがあった。また、『信貴山縁起絵巻』「延喜加持の巻」には、この破風の部分に「的」をとりつけている民家が描かれている。そのようなものがない民家も描かれているので、それが一般的で恒常的なものであったとはいいがたい。臨時にあるいは特別の家（たとえば祭礼の頭家）では、なんらかの理由で、おそらくは先学が推測するように、「魔除け」のためにこれを設置したのであろう。この「的」は「目」（蛇の目）を表現したものだとも推測されている。

民俗的な世界では、すでに述べたように、屋根それ自体よりも軒ないし軒下の方がウチとソト、「この世」と「あの世」の境界として重要で、軒下を「賽の河原」の一種とみなすこともあった。「菖蒲」が軒に吊されたのも、そこが境界であったからである。大晦日や節分の日に、家の戸口や軒下に、「針千本」や「蜂の巣」「よもぎ」「山椒」「唐辛子」「柊に刺した鰯の頭」をつけるのも、突起物や刺激臭、悪臭などで軒先まで来た魔物を撃退するためであった。さらに、コト八日の日に、侵入してくる一つ目の妖怪を追い払うために、荒目の籠を作って軒に掛けるのも、同様にして、軒が境界であったからなのである。

ところで、考古学的な遺物のなかに家の埴輪があり、例外的な事例であるらしいが、その屋根の部分に、「蛇の目」もしくは「渦巻」に似た円形の紋様が複数大きく描かれたものがある。それがなにを意味しているかはわかっていない。「魔除け」なのか、遊びで描かれたものなのか、あるいは埴輪それ自体に対してなされた「魔除け」なのだろうか。私は、これを普通の民家ではなく、「殯屋《もがりや》」のような特別な建物ではないかと推測しているのだが、いかがなものだろうか。現実の家の屋根の上に、そのようなたくさんの文様を描くことで「魔除け」をする民俗の伝承の存在は、確かめられていないからである。

さて、以上のように、民俗学的知見をふまえて、「魔除け」についてあれこれと述べてきたが、結論的にいえば、民俗的世界では、多種多様な「魔除け」装置が伝承されてきたが、民俗学的あるいは歴史学的に見たとき、屋根の上には「魔除け」は設置されることはまことに少なかった、ということになるであろう。屋根の上の「魔除け」の典型である「鬼瓦」は、民衆の文化ではなく・政治的・経済的あるいは宗教的な有力者たちの建造物に現れたものであって、つい最近まで、ほとんどの民衆は瓦を載せることができるような家には住んでいなかったのである。

桜と民俗学

日本人は桜の花に格別の思いを抱いている。それは時代を越えて鑑賞の対象となり、文学の素材となり、さらには精神のシンボルともなってきた。そしてときには信仰の対象にさえなった。

以下では、桜の信仰を考えるわけであるが、なによりもまずここで強調しておきたいのは、桜が信仰の対象もしくは信仰体系を支える重要な要素となることがあっても、そこに見出すことができる意味や機能が、特定のコンテキストを越えて普遍的なものとして存在するわけではない、ということである。たとえば、松や竹は正月のさいの門松となったときには信仰的な意味合いを獲得するが、山や野原に生えている松や竹が、人びとの意識のなかにつねにそうした意味や機能を喚起させているわけではない。いいかえれば、事物に意味や機能を与えるのは人間の側なのである。

こうしたことを容易に理解してもらうようにするためには、具体的な事例を挙げるのがよいだろう。中世の中頃、「花の下《もと》連歌」ということがおこなわれた。これは出雲路の毘沙門堂などの京都の特定の寺院で、その庭の枝垂れ桜の下で、無縁の聖たちを中心にしておこなわれた連歌会のことである。松岡心平の解釈によれば、桜の下でおこなわれた理由として、満開の花を観賞するという意味の他に、その枝を四方八方にしなだれかからせる枝垂れ桜の大木には「冥府の入口の上に立つ〈笠〉」の意味や、さらには「地獄と現世を媒介する宇宙樹」という意味が託されていたという（『宴の身体』岩波書店、一九九一年）。だが、こうした桜の解釈は、けっして普遍的な意味をもつものではない。寺院という状況、無縁の聖たち、枝垂れ桜の大木という桜の樹の形態的特徴、身分に関係なく参加できるという連歌の形式などが織り重なることで、そうした象徴的な意味が生み出されたのである。

くりかえすことになるが、こうした象徴的あるいは宇宙論的意味は、時や所に関係なく枝垂れ桜のすべてに見出すことができるものでもなければ、まして桜の木すべてに見出されるものでもないのだ。出雲路の毘沙門堂の枝垂れ桜が、上述のような象徴的意味をもっていたとしても、たとえば現代の、とある学校の校庭にある枝垂れ桜が、これと同じ象徴的意味を教師や父兄によって託されているとは、直ちには言えないわけである。

しかし、柳田國男が記す次のような事例は、松岡心平が指摘するのと同じ意味合いをもっている枝垂れ桜のように思われる。「行脚随筆といふ百数十年前の紀行に、上州北甘楽郡下瀧村の慈眼寺に、古いしだれ桜の木があつたことを記して居る。足利尊氏がこゝに来て此花を賞し、連歌の一座を興行したといふのはどうでもよろしいが、今でも村の人々は此地を冥土の往来の入口といひ、一つの洞穴をその口碑と結びつけて居る以外に、曾て亡霊が現はれて、此桜の花を見て来た者は地獄の責苦を免れるであらうと、言つたといふことまで語り伝へて居る」(「信州随筆」『定本柳田國男集』筑摩書房、一九七〇年)。

寺院の枝垂れ桜の古木、(柳田はどうでもよろしいといったのだが)足利尊氏による連歌興行の伝承、そして土地の人々の口碑にある冥土の往来の入口。こうした諸要素を織り合わせることによって、この枝垂れ桜も中世の「花の下連歌」の思想をかなり濃厚に伝承する「地獄と現世を媒介する宇宙樹」であったことが明らかになってくるだろう。かつてこの桜の下で「花の下連歌」がおこなわれたことがあったのかもしれない。

ところが、柳田は右のように述べた後で、次のような仮説を加えるのである。「花見が一つの祭の式であつた時代が、上世にはあつたらしいといふことが考へられる」と。驚くべきことに、特定の状況のなかで生み出された宇宙樹としての枝垂れ桜のはるか彼方に、「古代の信仰習俗として花見」つまり「鑑賞と宴としての花見」の「起源」を幻想するわけである。

いまわたしは「驚くべきことに」と形容した。というのも、古代の信仰習俗としての花見は、きわめて漠然とした仮説だからである。いったい桜に関するどのような「一つの祭の式」があったというのだろうか。柳田は「勿論これはまだ頼り無い仮説であるが、事によると霊場殊に死者を祭る場処に、是非ともしだれた木を栽ゑなければならぬ理由が、前代にはあつたことを意味するのかも知れぬ。……枝葉が空を指すのを常とする植物が、垂れて居る故に霊異と感じられたので、其為に各地の逆さ杉逆さ銀杏や逆さ竹は七不思議にも算へられた」(「信州随筆」)と述べているように、枝垂れ桜から枝垂れた木へ、さらには逆さ木へと対象を広げつつ、霊の依り憑く特異な植物に話題を移し、この「祭の式」の内容には立ち入っていない。

柳田國男がほのめかした「花見の祭」とは、おそらく「春山入り」行事のことであろう。これに関連させて、大胆な仮説を展開したのが、折口信夫であり、そしてまたその直系の弟子である桜井満であった。彼らの議論は、特定の状況、特定の桜、特定の人びとといったような限定を抜きにして、一般論として、文献以前の古代人にとって、桜は信仰の対象であったあるいは信仰システムの要素として機能していたという。

桜が信仰の対象となっていた時代があったとする仮説のそもそもの始まりは、折口信夫「花の話」(『折口信夫全集』第二巻)のなかで説かれている、以下の説に求められる。

「……桜の木は元は、屋敷内に入れなかつた。其は、山人の所有物だからといふ意味である。だから、昔の桜は、山の桜のみであつた。遠くから桜の花を眺めて、その花で稲の実りを占つた。花が散つたら大変である。……花と言ふ語は、簡単に言ふと、ほ・うらと意の近いもので、前兆・先触れと言ふ位の意味になるらしい。ほすすき・はなすすきが一つ物である事を考え併せれば訣る。物の先触れと言ふてもよかつたのである。……桜は暗示の為に重んぜられた。一年の生産の前触れとして重んぜられたのである。花が散ると、前兆が悪いものとして、桜の花が早く散つてくれるのを迷惑とした。其心持ちが、段々変化して行つて、桜が散らない事を欲する努力になつて行くのである。桜の花が散るのが惜しまれたのは其為である。……「花」といふのは、花が咲いて居るものではなく、先触れにうら・ほとして出て来るもので、先触れの木のことである。咲く花でない証拠には、花の木というものがある。此は、一種の匂ひの高い木で、花ではなく、樒などが用ゐられた」。

折口信夫の仮説を整理すると、「花」という語はもともとは「先触れ」を意味する木のことで、咲く花のことではなかった。桜の花は稲の花の先触れである、つまり桜の花は秋に稲の実りを予言している、したがって桜の花を見て実りを占うことができた。また、稲を花の先触れであるとすれば、その花が早く散ってしまうと、稲の花も早く散ってしまうことになるので、桜の花が早く散らないことを祈り、またのちにはそのための努力もなされた、ということになる。こうした仮説が古代の遙か昔の古代人によって信じられていたというのである。

なかなか魅力的な仮説である。だが、こうした仮説を検証する史料はほとんどなく、したがってなお検証されていないない仮説にとどまっていると言わねばならない。

折口信夫は強調するのは、桜の花で稲の花の出来具合を占った、という点であった。この仮説をさらに発展させたのが、折口信夫の直系の万葉学者にして民俗学者であった桜井満である。桜井は「枕詞と呪農――「花散らふ」と「み雪降る」の発想」(『万葉』四〇号、一九六一年)において、「花はなりものの前兆をしめす一種の先ぶれであったことは、すでに常識になっている。とくに桜の花は稲の花の象徴とみられ、秋のみのりの兆とみられていた。……そもそもサクラという語は、サは田の神、穀霊の名、クラは神座としての意義が存したらしいのである。すなわち、サクラは穀霊をむかえる依代——穀霊のこもる花として、農耕生活のうえに関与するたいせつな花であった。穀霊は当然地霊の一部国魂たる山神の配下でもあったわけで、桜を呪農の花、秋のみのりの兆として眺めてきた長い民俗生活があり、今日なお〈花見〉と称する民間伝承があり、遊楽化した〈お花見〉がある」という見解を表明し、以後、この仮説をくりかえし述べることになる。

この桜井満の仮説は、よほど魅力的だったのだろう。またたくまに、あたかも定説のごとく民俗学者をはじめとする「花」に興味をいだく研究者にしだいに浸透していった。早くも西山松之助は、民俗学での定説・常識のごとくに「はなといえば桜がそれを代表し、そのさくらということばも、民俗学者たちは、さは穀霊、くらは神の座、つまりさくらは田の神のより憑きます座という意味だという。それだから、さくらが咲くということは、田の神が訪ねてきたことの象徴にほかならなかった。弥生時代からすでに農耕民族となっていた日本人の原始社会では、田の神の訪れと見た花、それがさくらであった」(『花——美への行動と日本文化』日本放送出版協会、一九六九年)と述べている。

和歌森太郎も、こうした説を受け入れた民俗者・歴史学者である。その著『花と日本人』(草月出版、一九七五年)で、「春の苗取りの時を花見正月と呼ぶところもある。農民が心にかける稲の生産のゆたかさを咲きみだれる花で連想しつつ楽しむ祝福の行事。それが花見であった。やがて、田の労作に精励しようとする時季、ちょうど桜のさかりになるだけに、これはただ美しい眺めとして見過ごされる以上にそれぞれの生業にかかわって、前途を暗示するものとして仰ぎみられたのである。花の咲き方に神秘的なものすら感受してきた。桜の花そのものに、稲穀の霊さえ観念したものであった。……民俗学では、サツキ（五月）のサ、サナエ（早苗）のサ、サオトメ（早乙女）のサはすべて稲田の神霊を指すと解されている。……田植えは、農事である以上に、サの神の祭りを中心とした神事なのであった。……クラとは、古語で、神が依り鎮まる座を意味したクラであろう。イワクラ（磐座）やタカミクラ（高御座）などの例がある。……こうした、サとクラとの原義から思うと、桜は、農民にとって、いや古代の日本人のすべてにとって、もともとは稲穀の神霊の依る花とされていたのかもしれない」と説いている。

和歌森は、西山松之助の名は挙げているが、折口信夫や桜井満の名は挙げていない。しかし、その内容から判断すると、折口・桜井の説を自分なりに言い直したものであることは明らかであろう。ということは、彼もまた古代はるか彼方に「桜を崇拝する古代人」の姿を幻視していたわけである。

ところで、すっかり定説になったかに見える桜の花＝稲の花の象徴＝穀霊の依代説であるが、じつのところ、所詮は検証しえない仮説にすぎない。こうした折口信夫や和歌森太郎の仮説に対してまことに厳しい批判を加えたのが、斎藤正二である。斎藤は『日本人とサクラ――新しい自然美を求めて』（講談社、一九八〇年）において、「作業仮説は、きびしい検証に堪え得ないかぎり、理論化されることもなければ、科学的真理と見做すこともできない。折口信夫のような天才的直感と想像力に恵まれた学者の立てた仮説であろうと、それに対する検証の手続を疎抜《おろぬ》いて、ただ啓示されるままにそれを真理として鵜呑みにしてしまうことは、あるいは宗教的態度もしくは倫理的態度としては許されるにしても、けっして科学的態度とは言えない。……将来のことは知らないが、現状から測定するかぎり、日本民俗学の性格は、科学であるよりも神学に近い」と断じ、「ことばとして使われるときのサクラにはなんらの実体（質量的普遍性または形式的同一性）などはなく、すべて時代・社会・個人によってつくられる関数的＝関係的（あるいは機能的）概念にすぎない」と説いている。つまり、桜の花に託された意味は、個々の時代状況のなかで、さまざまな社会の諸関係のなかで、そしてそのなかに生きる人びとによって作り出され継承されたり衰退・消滅するものであり、その意味（機能）はそのなかで検証・抽出されるべきだ、というのである。

私はこの斎藤正二の見解を基本的に支持する。その理由は、枝垂れ桜の象徴的・宇宙論的意味の検討のなかで示したはずである。桜の花の象徴的意味、信仰的意味は特定の事例の分析によってしか明らかにできない。古代にあっても、桜の花がいつでも稲の花の予兆としてイメージされているとは考えられず、またいつでも神の依代とイメージされているとも思われない。特定のコンテキストのなかでしか、それは読み解けないのである。たとえば、桜井満は、桜子という名の乙女が二人の男に同時に求愛され、進退きわまって自殺する『万葉集』巻十六に見られる有名な「桜子」説話を、桜子とは穀霊に仕える乙女の名で、「田の神・稲の神の妻として人の男を拒み、神に身を捧げたという話がもとになっている」というふうに解釈する。しかし、もとの話を提示できないかぎり、私には二人の男の求愛の板挟みにあって自死の道を選んだ悲しい乙女の物語としか読めないのだ。

たしかに、桜は信仰的行為や表現のための道具になることがある。しかし、「桜」という植物や「サクラ」という語に、普遍的に信仰的要素が付着しているわけではない。時と場合において、そうした意味が生み出されるにすぎないのだ。そして、そうした信仰的な意味は一様ではないようである。

あとがき

本書は、主としてここ数年の間に書いた論文やエッセイをまとめたものである。私はここで荒削りではあるが、私の民俗学とは何か、という問いをめぐっての試行錯誤の足跡を語っている。

本書のなかで述べたように、私が考える民俗学は、折口信夫が柳田國男の学問を「一口に言へば、先生の学問は、『神』を目的としてゐる」とずばり評した言説の延長上にある。いうまでもなく、ここで言われている「神」は、民衆の間で伝承してきた「民間信仰」のなかの「神」のことである。この民俗学観は、少し前までは、改めて述べるまでもない、きわめて常識的なことであった。だが、最近の民俗学者たちは、そのことを自覚的に論ずることなく、こうした言説・民俗学観とはかけ離れた「民俗」を扱うようになっているという印象を受ける。すなわち、「神」を目的としない「民俗学」が蔓延しているのである。

もとより、いくつもの「民俗学」があってしかるべきである。しかし、そうであっても、やはり民俗学者たちは自分の「民俗」概念や「民俗学」の目的、輪郭は他人にわかるように説くべきであろう。さもなければ、読者の混乱や誤解を招くことになるであろう。

ところで、民俗学が対象とする民間信仰の伝承者は、平凡で尋常の生活を好む人びとであった。彼らの「神」はそうした生活を維持するために生まれてきたものである。別の言い方をすれば、平凡・尋常を好む彼らの生活に、尋常でない事態が生じたとき、そうした神が人びとの生活の全面に出てきて、その事態に対処しようとした。そしてその光景もまたありふれた当然の光景であったはずである。その光景を目にしたときに、じつは、本書で展開した私の民俗学的探究が始まったのである。以下では、そのあたりのことを少し書いておきたいと思う。

民衆が尋常でない事態に遭遇したときこそ、平凡な生活のなかに埋没している「神」観念が浮上する。このことを教えてくれたのは、安政二年の江戸大地震の際に大量に出回ったいわゆる「鯰絵」の考察をおこなったオランダの文化人類学者コルネリウス・アウエハントであった。「鯰絵」は、地震は地下に住む大鯰が暴れたことによって引き起こされるのだという民間信仰を基本モティーフにした、たくさんの絵柄をもった刷り物である。

この絵柄のなかに、僧に身をやつした大鯰を囲んで、大数珠を繰りながら地震で亡くなった人びとを百万遍念仏で供養している光景を描いたものや、江戸市中の主要寺院で地震でなくなった人たちを供養するための大施餓鬼会がおこなわれた様子を描いたものがあることに気づいた。もっとも、気づいたことは気づいたのだが、それは当たり前の光景として、すぐには問題化することができなかった。

「鯰絵」に興味をもった私は、大正十二年の関東大地震の際にも「鯰絵」に類するものが出回ったのかを少し調べてみた。鯰が地震を引き起こすという民間伝承は、そのときも民衆の間では伝承されたらしいのだが、「鯰絵」に類するものが出回った形跡はなかった。その探索の際に出会ったのが、両国・被服廠跡に建立された仏教式の「供養堂」の写真であり、さらにこれを発展させた「震災記念堂」の写真であった。しかし、そうした写真を見ても、それは私にとってはなおありふれた光景であった。犠牲者が出ればそれを供養するのは、当たり前のことではないか。

ところが、こうした過去の大地震による犠牲者の「供養」や「追悼」「記念」のやり方への関心を喚起する大地震が襲ってきたのだ。周知のように、たくさんの犠牲者が出た平成七年の阪神・淡路大地震である。犠牲者の追悼の仕方は宗教色のない追悼式から仏教式、キリスト教式など多様であった。なるほど、それもまたありふれた「慰霊」の光景であった。だが、私が驚いたのは、震災から少し経ってから、犠牲者が出たところに、雨後の竹の子のように、次々に震災モニュメントが建てられたことである。地元のボランティアグループの「震災モニュメントマップ作成委員会」の調査では、一二〇カ所に及ぶというのである。その碑面の多くには「鎮魂」「記憶」「記録」などといった言葉が記されていた。

この頃から、私の頭のなかで、「追悼」「鎮魂」「慰霊」「記憶」「たくさんの犠牲者」(震災や戦争)といった事柄にかかわるような「出来事」が結びつき、重大な問題となっていったのであった。そこに、現代人の「神」すなわち「たましい」観が示されている——そう思わざるをえなかったからである。
もっとも、本書では、近世から近代そして現代へと至る民衆の「慰霊」行為をめぐるたくさんの問題群のほんの一角を論じたにすぎない。むしろ、この研究はこれから深めていくべき課題であることを宣言したという程度のものである。しかし、本書によって、現代民俗学の方向の一つを示し得たのではなかろうか。民俗学は、ありふれた光景・生活のなかから、平凡・尋常を好む人びとの心性を探り出す、まことに魅力的な学問である。

小松　和彦

二〇〇二年六月二〇日

初出一覧（全体の構成上、大幅に改稿したものもある）

神なき時代の祝祭空間＝『祭りとイベント』（現代の世相第5巻、小松和彦編、一九九七年二月、小学館）所収「総論　神なき時代の祝祭空間」

「民俗」はどこにあるのか＝『成城大学民俗学研究所紀要』（第二四集、二〇〇一年三月）大幅に改稿

新しい「民俗」を求めて＝『記憶する民俗社会』（二〇〇〇年九月、人文書院）所収「『たましい』という名の記憶装置」

「たましい」という名の記憶装置＝「『たましい』という名の記憶装置」第七節と『is』特集「復元・再現の思想」（第八七号、二〇〇二年三月、ポーラ文化研究所）所収「人物記念館」を合成

祭祀のメカニズム＝山折哲雄・川村邦光編『民俗宗教を学ぶ人のために』（一九九九年七月、世界思想社）所収「ノロイ・タタリ・イワイ」

誰が「たましい」を管理できるのか＝国際日本文化研究センター主催・国際シンポジウム「日本人の価値・規範意識とヒストリオ・グラフィー＝歴史学と民俗学」（二〇〇二年一月）の講演原稿を加筆修正

「民俗調査」という旅＝『民俗学の方法』（講座日本の民俗学第一巻、福田アジオ・小松和彦編集、一九九八年十一月、雄山閣出版）所収「民俗調査の二類型」

説話と儀礼＝説話の講座『説話とは何か』（一九九一年五月、勉誠出版）所収「宗教儀礼と説話」大幅に改稿

魔除け論序説＝『日本の美術』第三九二号、大脇潔編集特集「鴟尾」（一九九九年一月、至文堂）所収「魔除け論序説」

桜と民俗学＝『國文學』（二〇〇一年四月号、學燈社）「信仰としての桜」

著者紹介
小松和彦（こまつ　かずひこ）

1947年　東京都生まれ
1970年　埼玉大学教養学部教養学科卒
1976年　東京都立大学大学院社会科学研究科博士課程修了
専　攻　文化人類学・民俗学
現　在　国際日本文化研究センター教授
著　書　『鬼がつくった国・日本』（共著、光文社文庫、1991年）
『説話の宇宙』（人文書院、1987年）
『憑霊信仰論』（講談社学術文庫、1994年）
『妖怪学新考』（小学館ライブラリー、2000年）
『異人論』（ちくま学芸文庫、1995年）
『神々の精神史』（講談社学術文庫、1997年）
『悪霊論』（ちくま学芸文庫、1997年）
『酒呑童子の首』（せりか書房、1997年）
『福の神と貧乏神』（筑摩書房、1998年）
『京都魔界案内』（光文社文庫、2002年）
『日本魔界案内』（光文社文庫、2002年）
『神隠し』（角川文庫、2002年）

神なき時代の民俗学

2002年7月15日　第1刷発行

著　者　小松和彦
発行者　佐伯　治
発行所　株式会社せりか書房
東京都千代田区猿楽町2-2-5　興新ビル303
電話 03-3291-4676　振替 00150-6-143601
印　刷　信毎書籍印刷株式会社
装　幀　工藤強勝

ISBN4-7967-0241-5